Caro Dr. Freud

Dear Mrs

I gather from your l
son is a homosexu
impressed by the fac
mention this term
information about
you why you avoid
is assuredly no advan
thing to be ashamed of
ation it cannot be cla
we consider it to be a
sexual function prod
arrest of sexual devel
highly respectable indiv
and modern times h
uals, several of the gr
them (Plato, Michelan
Vinci etc). It is a gre
persecute homosexu
and a cruelty too. If
lieve me, read the bo
Ellis.
By asking me if I can h
I suppose if I can abo
uality and make nor
uality take its place.
a general way we can
to achieve it. In a cer
of cases we succeed i
the blighted germs of
tendencies which are
every homosexual in
of cases it is no mor

Caro Dr. Freud

Respostas do século XXI a uma carta sobre homossexualidade

Gilson Iannini (Org.)
Com a participação de Rogério Bettoni

autêntica

EDITORAS RESPONSÁVEIS
Rejane Dias
Cecília Martins

REVISÃO
Bruna Emanuele Fernandes
Lúcia Assumpção
Samira Vilela

CAPA E PROJETO GRÁFICO
Diogo Droschi
(sobre imagem de Max Halberstadt)

DIAGRAMAÇÃO
Larissa Carvalho Mazzoni

Dados Internacionais de Catalogação na Publicação (CIP)
(Câmara Brasileira do Livro, SP, Brasil)

Caro Dr. Freud : respostas do século XXI a uma carta sobre homossexualidade / Gilson Iannini (Org.) ; com a participação de Rogério Bettoni. -- 1. ed. -- Belo Horizonte : Autêntica Editora, 2019.

Vários autores.
ISBN 978-85-513-0609-3

1. Cartas brasileiras - Coletâneas 2. Freud, Sigmund, 1856-1939 - Psicologia 3. Homossexualidade 4. Psicanálise e homossexualidade I. Iannini, Gilson. II. Bettoni, Rogério.

19-26720 CDD-150.1952

Índices para catálogo sistemático:

1. Freud : Carta sobre homossexualidade : Respostas do século XXI : Cartas fictícias : Psicanálise : Psicologia 150.1952

Maria Paula C. Riyuzo - Bibliotecária - CRB-8/7639

GRUPO **AUTÊNTICA**

Belo Horizonte
Rua Carlos Turner, 420
Silveira . 31140-520
Belo Horizonte . MG
Tel.: (55 31) 3465-4500

São Paulo
Av. Paulista, 2.073, Conjunto Nacional, Horsa I
23º andar . Conj. 2310-2312. Cerqueira César .
01311-940 São Paulo . SP
Tel.: (55 11) 3034 4468

www.grupoautentica.com.br

Todos os homens são
exceção a uma regra
que não existe.

FERNANDO PESSOA

Gilson Iannini

Os destinos de uma carta são muitos

Pena, que pena, que coisa bonita, diga
Qual a palavra que nunca foi dita, diga
Qualquer maneira de amor vale aquela.
Milton Nascimento/Caetano Veloso

É VERDADE QUE UMA CARTA sempre chega ao seu destino?[1] Em 9 de abril de 1935, Freud escreve, em inglês, uma carta que se tornaria não apenas um documento histórico, que nos informa algo sobre como um célebre psicanalista europeu e uma anônima mãe americana concebiam a homossexualidade no entreguerras, mas também um poderoso instrumento de luta, principalmente em tempos obscurantistas. Não por acaso, cerca de oitenta anos mais tarde, a referida carta circularia nas redes sociais brasileiras na infame disputa não apenas retórica, mas, também, jurídica em torno da assim chamada "cura gay".[2] A afirmação de Freud, em 1935, de que "a homossexualidade certamente não é uma vantagem, tampouco é algo de que se envergonhar, não é nenhum vício, nenhuma degradação, não pode ser classificada como doença" (neste volume, p. 28) mostra como "nada está definitivamente conquistado" (neste volume, p. 89).

[1] A polêmica envolvida nesta questão aparentemente simples foi suscitada por Jacques Derrida, que farejou na psicanálise de Jacques Lacan um fundo falogocentrista inconfesso, principalmente em sua apropriação do conto de Edgar Allan Poe, *A carta roubada*. A discussão técnica do problema não cabe aqui, mas vale a pena mencionar que há uma extensa bibliografia técnica dedicada à polêmica.

[2] Ver, por exemplo: https://bit.ly/2L3by5M.

Em linhas gerais, a disputa concernia às supostas terapias de "reversão sexual", opondo, de um lado, as diretrizes do Conselho Federal de Psicologia, que, em consonância com a Organização Mundial de Saúde (OMS), não considera a homossexualidade como patologia e, de outro lado, grupos conservadores politicamente organizados que obtiveram na Justiça Federal liminar em favor do tratamento da homossexualidade como doença.[3] Em decisão recente, de abril de 2019, o Supremo Tribunal Federal cassou a referida liminar. Esse mero fato nos mostra de forma cabal como as sexualidades, e em especial as homossexualidades e outras minorias sexuais, tornaram-se um dos *locus* por excelência da luta política. Está em jogo não apenas a laicidade do Estado e a autodeterminação do indivíduo e de seu corpo, mas a própria noção de cidadania, mais precisamente o que se entende por cidadania sexual.[4] Que uma despretensiosa carta – escrita antes mesmo de que os principais atores da referida disputa brasileira tivessem sequer nascido – tenha sido mobilizada como argumento de autoridade em favor da despatologização da homossexualidade mostra sua relevância como documento e como ferramenta. Não custa lembrar, aliás, que a própria Associação Americana de Psiquiatria deixou de classificar a homossexualidade como "distúrbio" ou "perversão" em 1973. Dois anos mais tarde, a homossexualidade foi retirada do *Manual Diagnóstico e Estatístico de Transtornos Mentais* (DSM). Cerca de dez anos mais tarde, o Conselho Federal de Medicina brasileiro concluiria no mesmo sentido. No início da década de 1990, a OMS excluiu a homossexualidade da Classificação Estatística Internacional de Doenças (CID 10). A resolução 01/1999 do Conselho Federal de Psicologia, alvo do ataque conservador, é uma decorrência prática desse movimento de despatologização da homossexualidade.[5]

---

[3] Para informações mais detalhadas, ver: https://bit.ly/2JfV5sL.

[4] Ver o primoroso estudo de Adilson Moreira, *Cidadania Sexual: estratégia para ações inclusivas* (Arraes Editores, 2017).

[5] Por conveniência, emprego a palavra "homossexualidade" nesta introdução como um termo genérico.

Foi naquele ano de 1935 que uma mulher americana resolveu escrever a Sigmund Freud, aflita que estava com a sexualidade de seu filho. Não sabemos ao certo o conteúdo de sua carta, nem a identidade dela ou do filho, nem mesmo de que cidade ela postou a carta ou a data exata em que escreveu. A rigor, não sabemos nem mesmo se quem assina a carta é realmente uma mulher ou se, quem sabe, uma pessoa homossexual falando de si mesma, sob disfarce de mãe. Lendo em filigrana a caligrafia e a tonalidade da carta, Richard Miskolci (neste volume, p. 149) destaca um detalhe significativo. Depois de assinar sua resposta, Freud acrescenta a seguinte nota: "P.S.: Não achei difícil entender sua caligrafia. Espero também que a senhora não considere a minha escrita ou meu inglês uma tarefa mais difícil". O tom íntimo desse *post-scriptum,* contrastante com o tom ligeiramente mais sóbrio do restante da carta, sugeriria talvez uma sutil interpretação analítica? Teria Freud desconfiado que por detrás da assinatura daquela mulher outra pessoa escrevia em segredo? Como se o psicanalista dissesse: sua caligrafia não foi ilegível para mim. Afinal, as distâncias são muitas: a caligrafia, o idioma, as palavras silenciadas etc. Seria por essa razão que, logo de cara, Freud parece interrogar a missivista americana sobre o porquê da evitação da palavra "homossexual"? Todas essas questões ficam em aberto. Sigamos, portanto, com as pistas e assinaturas que temos: a mulher americana, seu filho, a carta de Freud.

Seja como for, não há registros disponíveis da carta original enviada pela mulher americana, tampouco há pistas seguras acerca de sua identidade: antes de reenviar a resposta de Freud para os arquivos da posteridade, ela teria rasurado seu próprio nome. Mas o que é uma rasura, senão outra forma de assinatura, que encobre, sem apagar, o nome atrás do nome? Quantas camadas de texto se escondem e se mostram aqui? De toda forma, sabemos que quem quer que seja que tenha escrito a Freud identificando-se como uma mãe preocupada com o filho interessava-se em saber um pouco mais. Ela sabia escolher o destinatário. Não à toa, sua aflição a fez indagar aquele que, sem dúvida, fundara a disciplina que mais longe havia levado a investigação sobre a sexualidade humana e que a havia retirado tanto do véu moral da hipocrisia burguesa que a encobria e silenciava quanto do discurso científico que a encerrava numa natureza opaca e misteriosa. Sabemos ainda que a carta a tocou profundamente, e que ela julgou, corretamente, que o valor daquelas palavras singelas poderia ser útil não apenas a ela e a seu filho, mas a outras mães, outros filhos, em suma, outros homens, mulheres, homossexuais ou não. Havia ali algo que ultrapassava o mero interesse particular, havia ali algo realmente de singular, algo que se dirigia a todos e a cada um.

Sabemos ainda que essa mulher estava atenta às pesquisas sobre sexualidade. Não por acaso, ela reenviaria, certamente anos mais tarde, a carta de Freud ao eminente sexólogo norte-americano Alfred Kinsey, que acabara de publicar em 1948 o primeiro volume, sobre a sexualidade masculina, de seu abrangente estudo sobre a sexualidade humana. Não sem antes acrescentar o seguinte bilhete datilografado: "Junto a esta envio-lhe a carta de um homem bom e grandioso, a qual o senhor pode manter consigo. De uma mãe agradecida". Kinsey foi sensível ao pedido daquela mulher: não apenas arquivou o manuscrito, como o tornou público logo em seguida.

Contudo, ao que parece, desde então, a carta de Freud ficou sem resposta, apesar de seu pedido expresso de receber uma réplica. Pelo menos, não há registros disponíveis da continuidade da correspondência, nem mesmo nos hoje públicos e acessíveis arquivos da Biblioteca de Washington. Ao que tudo indica, essa carta foi publicada pela primeira vez pelo *The American Journal of Psychiatry*, em abril de 1951, e, pouco depois, reproduzida na coletânea de cartas organizada por seu filho Ernst Freud. Uma fotocópia da carta escrita por Freud está disponível na Biblioteca do Congresso dos Estados Unidos. Não pode haver dúvidas sobre sua autenticidade, que consta, por exemplo, no volume bibliográfico da *Studienausgabe*, além de estar repertoriada por Michael Schröter, um dos mais renomados especialistas na correspondência freudiana, sob a rubrica "Cartas isoladas".

Freud foi um prolífico missivista. Sua correspondência é estimada em cerca de 20.000 cartas, sendo aproximadamente metade delas conservada. Nesse sentido, sua correspondência é ainda mais volumosa do que sua obra destinada à publicação. O volume de cartas é até hoje crescente, devido a leilões de acervos pessoais. Só no acervo da Biblioteca do Congresso em Washington são listados mais de 640 destinatários.

Em certo sentido, podemos dizer que a missiva de Freud permaneceu "en souffrance", extraviada, por todos esses anos. Mas os destinos de uma carta são muitos. Ela certamente chegou às mãos daquele que assinou como uma mãe aflita, ela certamente chegou às mãos de Kinsey e de lá aos arquivos do *American Journal* e ao público especializado, principalmente de médicos, psicanalistas, psicólogos e sexólogos. Mas apenas muitas décadas mais tarde, graças a avanços tecnológicos, ela chegaria a um público muito mais amplo: a mim e a você, a uma mãe brasileira e a seu filho ativista, a um escritor, a uma filósofa feminista, às redes sociais, aos jornais, aos tribunais etc. Teria chegado, finalmente, ao seu destino?

A aposta deste livro, o desafio que ele propõe é o seguinte. E se o verdadeiro destino da carta de Freud fosse o século XXI, nós todos, eu e você, todos e qualquer um? O convite feito aos autores foi assim: e se, de repente, a carta de Freud chegasse a você? E se, no lugar do nome rasurado, no lugar desse "x" indeterminado, a carta finalmente chegasse à sua caixa de correio, como se fosse endereçada a você? Se você a recebesse, o que responderia ao Dr. Freud? Foi esse o desafio proposto não apenas a psicanalistas, das mais variadas escolas e orientações, mas também a pessoas de outras áreas: do direito, da literatura, da sociologia, da filosofia etc. Ativistas, feministas, mães, pais, filhos e filhas. Nem é preciso dizer que alguns dos autores misturam mais de uma dessas designações e são atravessados por mais de um discurso. Diversidade na teoria e nas práticas.

O resultado foram cartas maravilhosas, que expressam, por si só, a diversidade das várias perspectivas teóricas, políticas, literárias, sexuais. Temas como as angústias de uma mãe negra, os sofrimentos de jovens homossexuais do sistema público de ensino, a homofobia (dentro e fora do movimento psicanalítico), a política sexual, os desejos digitais, os impasses e embaraços, as soluções singulares, o feminismo, entre outros, foram abordados de formas inusitadas e surpreendentes. Algumas dessas cartas são extremamente pessoais, quase íntimas, talvez testemunhais; outras são claramente ficcionais, engendrando personas literárias, heterônimos talvez; outras encerram polêmicas: militantes, não poupam críticas ao criador da psicanálise; outras ainda são mais teóricas, mais acadêmicas, como, aliás, era costume entre os correspondentes de Freud, que enviavam e recebiam, junto a suas cartas, manuscritos de artigos e ensaios, acabados ou inacabados. Através dessas cartas, o Dr. Freud ficaria sabendo diversas coisas: que direitos foram conquistados em muitos países, mas que nada é definitivo; que a vergonha se transformou em orgulho e o silêncio, em discurso público, mas nem tudo são flores; que a psicanálise teve um papel histórico inimaginável na revolução dos costumes, mas que muitas vezes psicanalistas foram na contramão da história; que, por outro lado, aspectos da psicanálise foram duramente criticados por movimentos sociais de reconhecimento de identidades, muitas vezes com razão; que muitos analisantes puderam tornar-se o que já eram, mas não sabiam; que outros não tiveram a mesma sorte; que avanços tecnológicos e científicos tornaram possível dissociar sexo e reprodução, transformar corpos, encontrar parceiros etc.

Neste livro, tudo é ficção, tudo é verdade. Não podemos nos esquecer, contudo, que o ficcional às vezes é mais real do que a realidade; que o testemunho é sempre a narrativa de uma persona real; que os *gêneros* se misturam. Afinal, o *gênero* é sempre literário, sempre fictício, construído, performado. Em tempos obscuros, nos quais a única luz vem dos holofotes do Estado policial, o melhor jeito de viver é como os vaga-lumes, que emitem luz, mas desaparecem na noite; estão sempre um pouco à frente de onde nossos olhos os surpreendem; lampejam.[6]

---

[6] Cf. DIDI-HUBERMAN, G. *Sobrevivência dos vaga-lumes*. Belo Horizonte: Editora UFMG, 2014.

Nesse conjunto diverso que o leitor tem em mãos, é possível vislumbrar visões diferentes, às vezes divergentes e mesmo antagônicas. Nada foi censurado, corrigido ou adequado. Publicamos aqui a matéria bruta que cada um enviou. Mesmo os envios são vários. Muitas vezes, o destinatário é Freud, algumas vezes, os autores preferiram dirigir-se diretamente à mãe americana, em todo caso, todas as vezes, as cartas chegaram a mim e a você. Mas todas cumprem o papel principal: tornar a conversa infinita e íntima, destinada a todos e a cada um.

O convite que este livro faz ao leitor é o mesmo: e se a carta de Freud fosse endereçada a você?

Uma gota de contexto

Em que clima as cartas da mulher americana e do Dr. Freud cruzaram o Atlântico? Como a homossexualidade era representada nos mundos americano e germânico àquela altura? Apesar da complexidade do assunto, algumas balizas podem ajudar a nortear nossa leitura do clima de redação e recepção das cartas.

Estamos em 1935. As feridas da Primeira Guerra Mundial ainda não estavam cicatrizadas e os germes que levariam à deflagração da Segunda Guerra estavam eclodindo aos poucos: um ano antes, Adolf Hitler seria nomeado *Führer*. Por toda a Europa, movimentos ultranacionalistas ganhavam adesão popular, consolidando o poder de fascistas, Benito Mussolini à frente. Do outro lado do Atlântico, o *New Deal* do presidente Franklin Delano Roosevelt buscava curar o país da "Grande Depressão". Os loucos anos 1920, do jazz, do expressionismo, do surrealismo, das mulheres com cabelos curtos à la garçonne, da liberdade sexual, das sufragistas, dos pioneiros movimentos de direitos civis, haviam chegado ao fim.

Em 1935, atos homossexuais eram considerados crime tanto na Europa central quanto na América. As homossexualidades eram consideradas perversões, patologias ou desvios. Por outro lado, organizações sociais reivindicavam direitos dos dois lados do Atlântico. Não custa lembrar que desde 1871, o parágrafo 175 do Código Penal alemão, inspirado no código prussiano, havia criminalizado as relações homossexuais. O parágrafo só seria revogado inteiramente em 1994. Nos seus mais de 120 anos de vigência, algumas atenuações foram conquistadas. Com o fim da Segunda Guerra Mundial, o lado oriental do Muro de Berlim revogaria alguns dispositivos ainda em 1950, enquanto o lado Ocidental, apenas em 1969. Contudo, na década de 1930, época da troca de cartas entre Freud e a mulher americana, não havia atenuações: o cenário na Europa central e na América do Norte era inteiramente outro.

Quando os nazistas chegaram ao poder, na década de 1930, uma de suas primeiras medidas foi o banimento de homossexuais. Não faltaria pouco para que fossem mandados para campos de concentração e de extermínio, obrigados a portar um triângulo rosa para identificá-los. Cálculos atuais, apesar de bastante imprecisos, estimam que algo entre 3.000 e 9.000 homossexuais tenham sido mortos nos campos nazistas. Os que sobreviveram foram condenados à prisão perpétua, com base no mesmo parágrafo 175.

O médico e ativista Magnus Hirschfeld (1868-1935), fundador da primeira organização de direitos dos homossexuais alemã, lutava havia décadas pela revogação do parágrafo 175. Com a ascensão dos nazistas ao poder, a biblioteca do Instituto de Pesquisas sexuais, fundada por Hirschfeld, é destruída e o instituto, dissolvido. Antes disso, seu instituto, fundado em 1919 nos arredores de Berlim, obteve fama mundial, oferendo consultas médicas e programas de educação sexual para o público mais amplo, no anexo Museu do Sexo. Nos seus anos de glória, o museu atraiu gente do mundo inteiro, interessadas em desvendar sua própria sexualidade. Nomes como André Gide, Sergei Eisenstein, Walter Benjamin, entre muitos. Foi naquele instituto que Lili Elbe realizou uma das primeiras cirurgias de redesignação sexual. Quem assistiu *A garota dinamarquesa* conhece a história. Na visão de Hirschfeld, na esteira de Karl Heinrich Ulrichs, a homossexualidade seria uma espécie de "inversão sexual": os homossexuais pertenceriam ao "terceiro sexo". Ambos, Ulrichs e Hirschfeld, pensavam a homossexualidade como uma variação da função sexual, não como patologia. Mas o preço a pagar era a *naturalização do desejo*:

Homens portando triângulo rosa em campo de concentração nazista.
Fonte: Holocaust Encyclopedia. Disponível em: <bit.ly/2nWHLBs>.

a sexualidade seria um dado da natureza. Como veremos, Freud foi sensível ao aspecto político do reconhecimento reivindicado pelos ativistas homossexuais, sem, contudo, subscrever a teoria científico-naturalista subjacente a ela.

Na Áustria de Freud, atos homossexuais só vieram a ser descriminalizados em 1971 e o casamento entre pessoas do mesmo sexo só foi permitido a partir de 1° de janeiro de 2019! Nem todo mundo se lembra, entretanto, de que as palavras "homossexual" e "heterossexual" foram forjadas por um vienense. Karl-Maria Kertbeny (1824 -1882) foi um dos primeiros a escrever publicamente sobre a descriminalização da homossexualidade apelando à universalidade dos direitos humanos. Em seus corajosos panfletos, argumentava que a lei prussiana sobre a sodomia (que viria a ser a inspiração do infame Parágrafo 175 do Código Penal do Império Alemão acima referido) violava os direitos do homem. Impregnado da melhor tradição liberal, pensava que atos sexuais privados e consentidos não deviam cair sob a tutela do Estado ou da Lei. Impressionado pelo suicídio de um jovem amigo homossexual, vítima de extorsão, Kertbeny defendia ainda que a homossexualidade era natural e imutável. A terminologia cunhada por Kertbeny foi consagrada principalmente por seu emprego no famoso

Psychopathia Sexualis, publicado pelo sexologista alemão Richard von Krafft-Ebing em 1886. Pode parecer pouco, mas a terminologia de Kertbeny substituía a "pederastia", desidratando a conotação moral e viciosa em favor de um termo mais descritivo e moralmente neutro.

É importante lembrar também do escândalo provocado em 1913, quando foi descoberto que Alfred Redl, do alto escalão militar imperial, era não apenas um traidor da pátria, mas também homossexual. Mas o que é o escândalo senão o nome que damos a essa irrupção do real, em que a regra geral inexplícita aparece como se fosse mera exceção?[7] Todos que estudaram a Viena *fin-de-siècle* sabem da hipocrisia de sua vida social, erotizada ao extremo, mas contente com o verniz moral que a encobria.

Nos Estados Unidos de 1910, Emma Goldman falava abertamente em favor dos direitos dos homossexuais, sendo saudada por Hirschfeld como a "primeira e única americana" a fazê-lo em público. Não à toa. Em fevereiro de 1903, a polícia de Nova York havia prendido 26 homens no Ariston Hotel Baths, sete deles condenados por sodomia, com penas que chegaram a vinte anos de detenção. A primeira organização americana pelos direitos dos homossexuais foi fundada em 1924 em Chicago, dois anos depois da descriminalização de atos homossexuais da União Soviética (que recriminalizaria a homossexualidade, com Stalin). A primeira vez que a palavra "homossexualidade" foi empregada em jornal de grande circulação foi no *The New York Times*, em 1926. Apenas uma década depois, a palavra "gay", como equivalente a "homossexual", foi pronunciada no grande cinema.[8]

Quem não se lembra do fugaz beijo que Marlene Dietrich, em impecável smoking, rouba de outra mulher em *Marrocos*, o premiado filme de 1930? Ou da controversa cena do beijo fatal entre dois homens, em *Asas* (1927)? Seja como for, cenas alusivas ou explícitas de afeição

---

[7] Cf. BADIOU, A. *Em busca do real perdido*. Belo Horizonte: Autêntica, 2017.

[8] Entre 1930 e 1961, a American Film Industry adotou o Código Hays, com o objetivo de coibir qualquer tipo de representação de homossexualidade feminina ou masculina no cinema.

homossexual seriam banidas pelo código Hays em 1934, que atendia a boicotes e reivindicações de grupos religiosos. De uma maneira ou de outra, "personagens gays no cinema sempre foram para rir, para ter pena ou para temer".[9] Na vigência do código Hays, homossexuais eram representados na película como pecadores, cujo destino trágico se bifurcava em suicídio, assassinato e/ou doença mental. Àquela época, homossexuais (e negros) dispensados do serviço militar recebiam um documento conhecido como "blue discharge", que os estigmatizava e engendrava uma série de dificuldades civis.

Àquela altura, a sexualidade hegemônica era sintetizada por John Wayne, o cowboy destemido, modelo de virtuosismo masculino, que salvava mocinhas indefesas, empunhava a lei e a justiça, levando a "civilização" ao Oeste contra índios impiedosos e selvagens. Ou por Clark Gable, ganhador do Oscar de 1935, performando um repórter espirituoso e galanteador, que, entre a proteção paternalista e a sedução pura e simples, se envolve com uma indefesa e sonhadora jovem, que fugia para encontrar seu noivo playboy, contra a vontade do pai milionário. O cinema funcionava com um eficaz dispositivo de pedagogia do sexual,[10] cristalizando modelos de conduta, moldando fantasias, emprestando modos de ser, viver e amar. Não falta muito, a cultura de massa da televisão vai cristalizar a família normal da era do conformismo: branca, classe média, com papéis de gênero bem definidos: uma casa de dois andares, onde vive um casal feliz com dois ou três filhos, um carro na garagem, um cachorro e uma cerca branca em volta do gramado.

Não podemos nos esquecer de que estamos aqui há algumas décadas de distância dos movimentos de direitos civis gays, tais como os eventos de Stonewall, a revolta contra uma invasão policial num bar da Greenwich Village, na baixa Manhattan, em 1969. Acontecimento cujas ressonâncias foram inteiramente diversas da ocorrida no Ariston Hotel Baths, na virada do século. A revolta de Stonewall tornou-se o paradigma da luta contra o sistema jurídico

---

[9] Frase de abertura do documentário *The Celluoid Closet*, de Rob Epstein e Jeffrey Friedman.

[10] Ver *Flor do açafrão*, de Guacira Lopes Louro (Autêntica, 2017).

anti-homossexual em vigor e resultou na criação de paradas do orgulho, publicações e ativismo. Ainda estamos longe da liberação sexual dos anos 1970. Ainda estamos longe de *Milk*, de Gus van Sant, que retrata o primeiro ativista gay eleito para cargo público na Califórnia ou ainda de *O segredo de Brokeback Mountain*, um faroeste totalmente diverso dos clássicos do gênero. Quanto ao cinema lésbico, a invisibilidade é ainda maior.

O que sabemos é que, na América do Norte, as homossexualidades deixaram de ser catalogadas como doença apenas em 1973, quase quarenta anos depois da carta de Freud chegar às mãos daquela mulher aflita. E que atos homossexuais deixaram de ser considerados crimes em toda a federação apenas em 2003.

Não sabemos, a rigor, se a mulher americana assistia aos filmes de John Wayne ou de Clark Gable. Não sabemos se ela usava um corte à la garçonne ou se sua casa tinha uma cerca branca e um cachorro. Não sabemos se seu filho participou de Stonewall, muitos anos mais tarde, ou assistiu de longe, com um sorriso de lado. Não sabemos se o homossexual da carta foi feliz, se gozou, se tomou antidepressivos na terceira idade, se viveu muito, ou se teve a vida interrompida precocemente. Não sabemos se uma eventual neta pode viver a sexualidade feminina sem se reduzir ao papel de "mãe americana".

Em 1935, estamos ainda longe da despatologização da homossexualidade pela comunidade científica internacional e da descriminalização das relações homoeróticas mundo afora. Mas sabemos que a remetente daquela carta teve um momento de alívio quando leu a resposta de Freud. E sabemos que seu gesto de arremessá-la à posteridade tem efeitos longínquos e incalculáveis, talvez infinitos. Uma carta sempre chega ao seu destino. Mesmo que os destinos de uma carta sejam muitos.

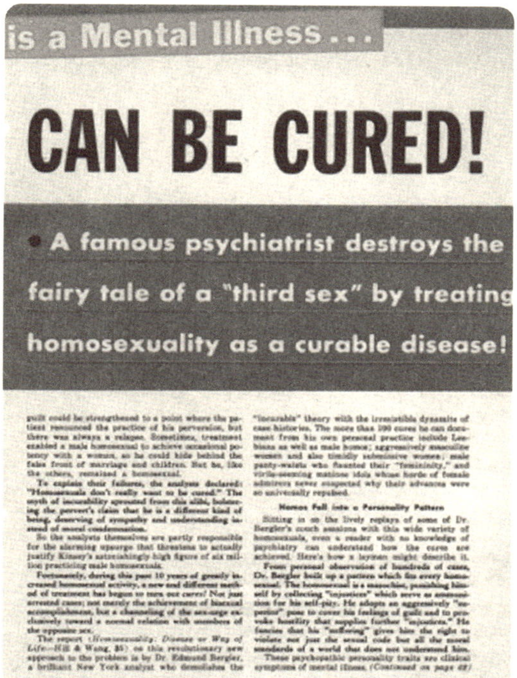

is a Mental Illness . . .

CAN BE CURED!

• A famous psychiatrist destroys the fairy tale of a "third sex" by treating homosexuality as a curable disease!

"Homosexuality is a mental illness", *Confidential Magazine*, 1957.

Agradecimentos

Gostaria de agradecer a Rogério Bettoni, que participou das etapas iniciais deste livro. Desde que lhe apresentei a concepção geral pela primeira vez, seu apoio discreto foi decisivo: não apenas sugeriu e contatou alguns nomes, mas, mesmo em silêncio, permitiu que eu lhe enviasse muitas e muitas cartas, ideias, planos. Agradeço ainda a Antonio Quinet pelo entusiasmo com o projeto e pelos contatos que me passou. Nas caminhadas analíticas dos sábados, Jeferson Machado Pinto e Frederico Feu debateram comigo alguns nomes. Marcus Vinícius Silva consultou fontes. À Claudia Moreira, pelo amor. À Rejane, pela aposta.

Este livro é dedicado à memória de Victor Heringer, cuja morte precoce nos privou de sua literatura, que incluiria uma colaboração para este livro, e a todas e todos aqueles que sofreram e sofrem por amarem e gozarem como querem.

CARTA SOBRE HOMOSSEXUALIDADE*

Sigmund Freud

1951 *The American Journal of Psychiatry*, abr. 1951, v. 107, n. 10, p. 786-787.

1951 *International Journal of Psycho-Analysis*, v. 32, p. 331.

1960 *Briefe 1873-1939*, editada por Ernst Freud e Lucie Freud, Frankfurt am Main, 2. ed. ampl., 1968, S.438 (https://bit.ly/2XKVnzP)

---

* "A Letter on Homosexuality"

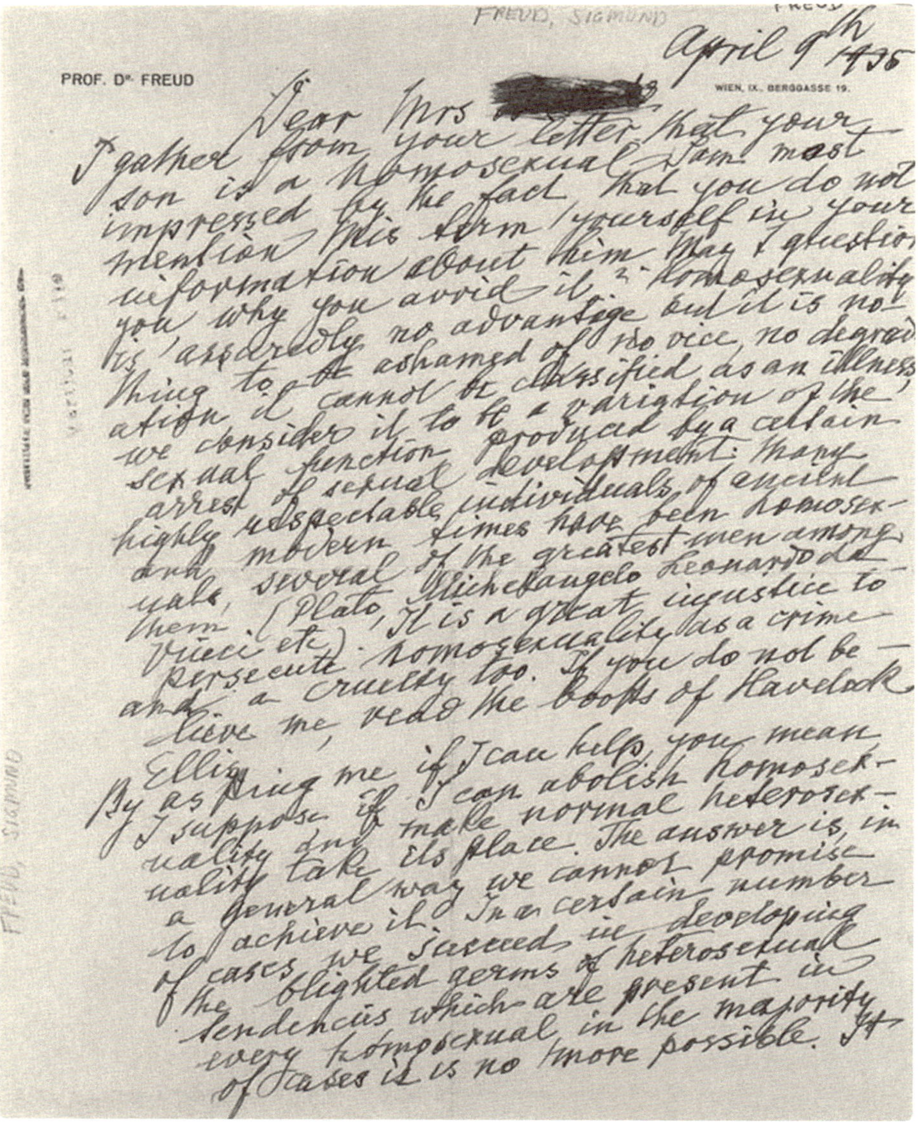

FREUD, SIGMUND

PROF. Dr FREUD

WIEN, IX., BERGGASSE 19.

April 9th 1935

Dear Mrs [illegible]

I gather from your letter that your son is a homosexual. I am most impressed by the fact that you do not mention this term yourself in your information about him. May I question you why you avoid it? Homosexuality is assuredly no advantage but it is nothing to be ashamed of, no vice, no degradation, it cannot be classified as an illness; we consider it to be a variation of the sexual function produced by a certain arrest of sexual development. Many highly respectable individuals of ancient and modern times have been homosexuals, several of the greatest men among them (Plato, Michelangelo, Leonardo da Vinci etc). It is a great injustice to persecute homosexuality as a crime and a cruelty too. If you do not believe me, read the books of Havelock Ellis.

By asking me if I can help, you mean, I suppose, if I can abolish homosexuality and make normal heterosexuality take its place. The answer is, in a general way we cannot promise to achieve it. In a certain number of cases we succeed in developing the blighted germs of heterosexual tendencies which are present in every homosexual, in the majority of cases it is no more possible. It

FREUD, SIGMUND

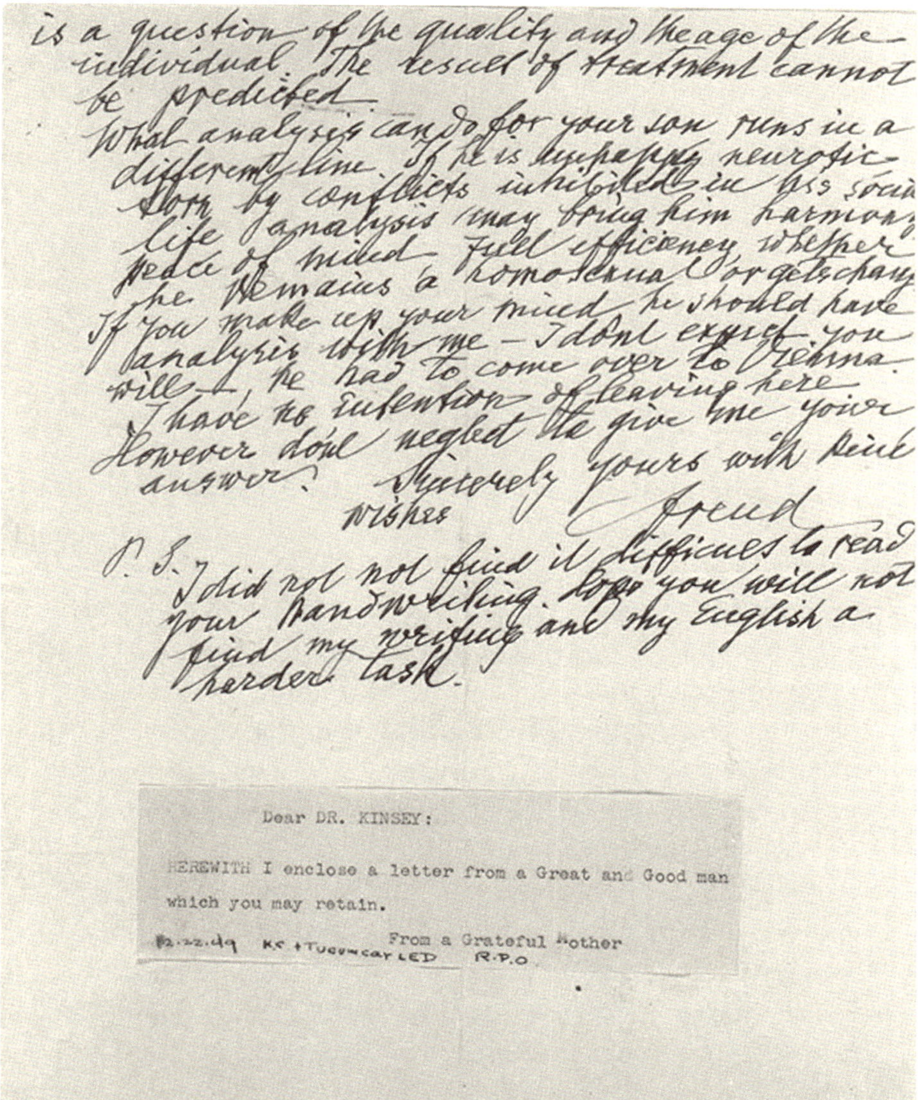

is a question of the quality and the age of the individual. The result of treatment cannot be predicted.

What analysis can do for your son runs in a different line. If he is unhappy, neurotic, torn by conflicts, inhibited in his social life, analysis may bring him harmony, peace of mind, full efficiency whether he remains a homosexual or gets changed.

If you make up your mind he should have analysis with me — I dont expect you will —, he has to come over to Vienna. I have no intention of leaving here. However dont neglect to give me your answer.

Sincerely yours with kind wishes

Freud

P.S. I did not not find it difficult to read your handwriting. Hope you will not find my writing and my English a harder task.

Dear DR. KINSEY:

HEREWITH I enclose a letter from a Great and Good man which you may retain.

From a Grateful Mother

12.22.49 [illegible] R.P.O.

Prof. Dr. Freud **Wien, IX, Berggasse 19**

April 9th, 1935

Dear Mrs [ ]

I gather from your letter that your son is a homosexual. I am most impressed by the fact that you do not mention this term yourself in your information about him. May I question you why you avoid it? Homosexuality is assuredly no advantage, but it is nothing to be ashamed of, no vice, no degradation, it cannot be classified as an illness; we consider it to be a variation of the sexual function produced by a certain arrest of sexual development. Many highly respectable individuals of ancient and modern times have been homosexuals, several of the greatest men among them (Plato, Michelangelo, Leonardo da Vinci etc.) It is a great injustice to persecute homosexuality as a crime and cruelty too. If you do not believe me, read the books of Havelock Ellis.

By asking me if I can help, you mean, I suppose, if I can abolish homosexuality and make normal heterosexuality take its place. The answer is, in a general way, we cannot promise to achieve this. In a certain number of cases we succeed in developing the blighted germs of heterosexual tendencies which are present in every homosexual; in the majority of cases it is no longer possible. It is a question of the quality and the age of the individual. The result of treatment cannot be predicted.

'What analysis can do for your son runs on a different line. If he is unhappy, neurotic, torn by conflicts, inhibited in his social life, analysis may bring him harmony, peace of mind, full efficiency, whether he remains a homosexual or gets changed. If you make up your mind he should have analysis with me – I don't expect you will – he has to come over to Vienna. I have no intention of leaving here. However, don't neglect to give me your answer.

Freud

P.S.: I did not find it difficult to read your handwriting. Hope you will not find my writing and my English a harder task.

Dear Dr. KINSEY:

HEREWITH I enclose a letter from a Great and Good man which you may retain.

From a Grateful Mother

Prof. Dr. Freud **Viena IX, Berggasse 19**

9 de abril de 1935

Prezada Sra. [~~Rasurado~~]

Depreendi de sua carta que seu filho é homossexual. Fiquei mais impressionado pelo fato de que a senhora mesma não menciona este termo em sua informação sobre ele. Posso perguntar por que o evita? A homossexualidade certamente não é uma vantagem, tampouco é algo de que se envergonhar, não é nenhum vício, nenhuma degradação, não pode ser classificada como doença; nós a consideramos uma variação da função sexual produzida por uma detenção no desenvolvimento sexual. Muitos indivíduos altamente respeitáveis, tanto da antiguidade quanto de tempos modernos, foram homossexuais, vários dos maiores entre eles (Platão, Michelangelo, Leonardo da Vinci etc.). É uma grande injustiça, e também uma crueldade, perseguir a homossexualidade como se ela fosse um crime. Se a senhora não acredita em mim, então leia os livros de Havelock Ellis.

Ao me questionar se eu posso ajudar, suponho que queira dizer se eu poderia abolir a homossexualidade fazendo a heterossexualidade normal assumir seu lugar. A resposta é que de um modo geral não podemos prometer alcançar tal resultado. Num determinado número de casos, logramos desenvolver os germens debilitados das tendências heterossexuais, os quais estão presentes em todos os homossexuais; mas na maior parte dos casos isso já não é mais possível.

Trata-se de uma questão que envolve as qualidades e a idade do indivíduo. Não há como predizer o resultado do tratamento.

Aquilo que a análise pode fazer pelo seu filho segue uma linha diversa. Se ele é infeliz, neurótico, acossado por conflitos, tem sua vida social inibida, a análise pode aportar-lhe harmonia, paz de espírito, eficiência total, quer ele siga sendo um homossexual ou tenha mudado. Se a senhora decidir que ele deve ter sua análise comigo – o que não imagino que fará –, ele deverá vir aqui para Viena. Não tenho intenção de sair daqui. Mesmo assim, não deixe de me dar sua resposta. Sinceramente seu, com os melhores votos,

Freud

P.S.: Não achei difícil entender sua caligrafia. Espero também que a senhora não considere a minha escrita ou meu inglês uma tarefa mais difícil.

Caro Dr. KINSEY:

JUNTO a esta, envio-lhe a carta de um homem bom e grandioso, a qual o senhor pode manter consigo.

De uma mãe agradecida.

Tradução: Pedro Heliodoro Tavares

NOMES

Não existe no
inconsciente nenhum
"índice de realidade", de tal
modo que não é possível
distinguir, uma da outra, a
verdade e a ficção
investida de afeto.

SIGMUND FREUD

A verdade tem
estrutura de ficção.

JACQUES LACAN

Guacira Lopes Louro

VESTÍGIOS DE UMA FAMÍLIA

Porto Alegre, 26 de junho de 2018

Caro Dr. Freud,

Encontrei sua carta entre velhos guardados de minha família. Ela parecia escondida ou talvez esquecida. Muitos anos se passaram... Acredito que nunca recebeu uma resposta. Sei que não tem sentido fazer isso agora, pois o senhor está ausente. Mas as circunstâncias de meu achado e seu apelo me levam a escrever.

Uma foto de família, muito antiga, e um pequeno cacho de cabelos atado por uma fita estavam junto à carta. Alguém deve ter tido o cuidado de guardar esses objetos. Penso que devem estar ligados, mas não sei quem os reuniu ou por que fez isso. De qualquer modo, eles são vestígios de uma família e me fazem supor ou imaginar uma história.

Sua carta, profissional e sóbria, não carrega evasivas. Expõe, nas primeiras linhas, sem subterfúgios, a questão que parece ter sido evitada ou dissimulada pela mulher que o consultou: a homossexualidade do filho. O senhor a escuta, nota suas dificuldades, pressente o desejo que a move. Sua carta permite adivinhar a dela. Ela temia por seu filho. Talvez se envergonhasse de seus gestos, seus gostos, suas escolhas. Assombrava-se com seu futuro. Temia que ele se tornasse solitário, segregado. Desejava, afinal, que o senhor se dispusesse a curá-lo. A carta da mulher revela o silêncio e o segredo que cercavam a sexualidade da época.

A foto mostra mais um pouco dessa história e desse tempo. Dez personagens compõem o retrato familiar. No centro, estão sentadas duas mulheres, uma bem mais jovem do que a outra. No colo da mais velha está um bebê. Ao redor dessas mulheres aparecem, num primeiro plano, três meninas; num segundo plano, três figuras masculinas e outra mulher adulta. À exceção do bebê, todos vestem roupas escuras e se mostram sérios, cientes de que esse momento deve se cristalizar como um registro histórico da família. O bebê é o único que escapa dessa formalidade. Ele parece sorrir e seu vestido claro atado por uma larga faixa escura pode levar a pensar que se trata de uma menina. Ou seria um menino? Difícil definir, pois vestidos e batas eram usados por crianças pequenas de ambos os sexos até as primeiras décadas do século passado. As três figuras masculinas de pé têm, com certeza, idades distintas. O homem adulto se coloca imediatamente atrás da mulher mais moça, o braço direito dobrado à altura da cintura. Sua postura sugere alguma autoridade ou posse; provavelmente a de pai e marido. Ao lado direito desse homem está um garoto, exibindo o traje completo de um adulto da época: terno, gravata e colete onde se veem a ponta de um lenço e a corrente de um relógio de bolso. Ao lado esquerdo do homem fica um jovem que se veste do mesmo modo e é, curiosamente, a única pessoa que não olha diretamente para a câmera, mostrando um pouco o perfil. A mulher em primeiro plano deve ser a mãe das crianças. Seus cabelos estão presos num coque e ela segura pela mão uma menina de cabelos escuros cacheados. A mulher mais velha ao seu lado deve ser a avó, que carrega o neto no colo. Entre as duas mulheres, um ramalhete de flores. Muito próxima da avó, quase encostada ao bebê, uma menina loura de cabelos igualmente cacheados permite que se observe sua semelhança com o pequeno. Completam o quadro duas personagens femininas: uma garota de cabelos claros, meio soltos, e uma mulher adulta. O fotógrafo arranjou o grupo de modo a formar um conjunto harmonioso, a posição dos braços e das mãos sugere uma espécie de unidade: a família tal como desejava ser vista na "posteridade".

Resta o cacho de cabelos louros. Penso que ele deve ser do bebê. Ou seria de uma das meninas? De um outro filho? Havia o costume de guardar, como uma espécie de relíquia, uma mecha quando se fazia o primeiro corte de cabelos de uma criança; então, poderia ser de qualquer um dos personagens mais jovens da foto... Mas acredito que seja dele, do bebê. E ele certamente era um menino: o filho de quem a mãe fala na carta. Assim consigo juntar as peças e imaginar um motivo para que estivessem reunidas.

E como continuo esta história? A partir dela, da mãe, que aparece ainda jovem no retrato. Como tantas mulheres de sua época, ela teve muitos filhos. A família era o centro de sua vida. Sua responsabilidade. Na foto, filhos e filhas parecem todos compostos, abotoados, provavelmente vestidos com suas melhores roupas. Os olhos estão fixos na câmera, obedecendo ao comando do fotógrafo. Seus olhares e seus corpos sugerem mais do que uma atenção momentânea, parecem indicar a disciplina que lhes teria sido inscrita cotidianamente. Travestidos de adultos, os meninos mais velhos seguem o pai, mas não apresentam, por certo, a desenvoltura que ele aparenta. As meninas se mostram mais contidas, os olhos quase sem expressão. Apenas o pai e a figura feminina que aparece em segundo plano exibem uma postura um pouco mais relaxada. O centro da cena é tomado pela mãe, a avó e o bebê. Nos olhos da jovem mulher, suspeito um certo receio, um temor. A imagem da família depende dela, em larga medida.

Sim, cabe a ela educar e vigiar filhos e filhas. Mas ela é também, seguramente, vigiada. A autoridade do marido é incontestável e se exerce sem que ele precise expressá-la diretamente. Os atos da jovem mulher são controlados por uma rede de agentes, e a face mais visível dessa rede são as outras mulheres da família. Como escudeiras da ordem, essas mulheres mais velhas atuam nas miudezas do dia a dia. Espreitam gestos, adivinham pensamentos. O controle é, na verdade, ainda muito mais amplo e complexo: vizinhas e vizinhos, parentes, padres e pastores, médicos e outros tantos personagens se oferecem como defensores da moralidade e das normas.

Não há muito mais a dizer. As condições que teceram essas vidas não foram extraordinárias. Obviamente o tempo passou, as crianças cresceram, a mulher se empenhou em cumprir o esperado. Mas talvez algo ou alguém lhe tenha escapado. Tantas vidas dependiam de seus cuidados! Eram tantos seus afazeres! Talvez ela tenha sido, então, menos exigente ou atenta com o filho mais novo, o caçula. Agora um jovem, ele a surpreende. Ela estranha suas atitudes. Reprova seu comportamento. Repreende seus modos. Onde ela falhou?

Aparentemente o rapaz descobriu frestas ou falhas na rede de vigilância e, de algum modo, deslizou por elas. Ou talvez ele próprio tenha criado aberturas, inventado espaços. Em alguns momentos, ela observa que ele sorri como se soubesse de algo que as outras pessoas não sabem. Haverá algum traço de desafio em seu olhar? Ou quem sabe de dissimulação? Seja como for, o caminho que o filho vem tomando não lhe parece, de modo algum, natural nem aceitável. Ela deveria ter sido mais vigilante. Não há como negar, a responsabilidade por esse desvio é dela e ela precisa, portanto, consertar o que foi corrompido. É neste estado de urgência que ela escreve para o senhor, Dr. Freud.

É insuportável pensar que o futuro de seu menino esteja irremediavelmente comprometido. Ela está segura de que, seguindo nesta direção, não haverá complacência. Seu filho será, com certeza, alvo de desprezo e de troça. É preciso garantir-lhe, se não a felicidade, pelo menos a adequação, alguma acomodação à sociedade. É preciso evitar, ainda, que a família seja de algum modo atingida pelo descaminho do rapaz. Salvar o filho representa também preservar a família.

Sua carta, doutor, foi certamente esperada com ansiedade. Nela poderia estar o caminho, melhor ainda, a solução para o drama que ela vivia. Sua resposta, no entanto, não deve ter sido a que aguardava. O senhor reverteu-lhe as expectativas. Não aceitou a vergonha, o vício e o crime que se insinuavam na palavra que ela não ousou escrever. Descartou o estigma que, na sua expectativa de mãe, marcaria para sempre o filho. O senhor não se dispôs a curar o rapaz, pois não o considerava doente.

Como, efetivamente, ela terá lido a sua carta? Teria considerado muito duras suas palavras? Ao atribuir injustiça e crueldade a quem persegue a homossexualidade, o senhor estaria, afinal, censurando-a diretamente? Ela teria se arrependido de lhe ter escrito? Ou, pelo contrário, percebeu que o senhor acenava com a possibilidade de uma vida plena para o rapaz? Ela teria se sensibilizado com tudo o que leu?

Sua carta pode ter sido um evento significativo na vida dessa mulher. Pode ter lançado dúvidas sobre a convicção que ela mantinha de um triste e sombrio futuro para o filho. Pode ter feito com que ela abandonasse o projeto de "consertar" seu menino, acolhendo, então, as escolhas e os rumos que ele quisesse tomar. Ou nada disso aconteceu. A carta pode ter sido posta de lado, escondida para não perturbar as certezas nem arranhar o quadro projetado para a família. De qualquer modo, encontrei-a junto com o retrato e o cacho de cabelos. E não dá para deixar de pensar que há uma dose de afeto na reunião dessas lembranças.

Sinceramente,
Guacira Lopes Louro

Christian Ingo Lenz Dunker

UM DESEJO AVARENTO DE TÊ-LO SÓ PARA NÓS

São Paulo, 27 de agosto de 2018

Caro Dr. Freud,

Muito tempo passou-se depois de sua última carta que, devo dizer, foi profundamente reconfortante. Hoje já posso mencionar claramente que tenho um filho homossexual. A isso, temos que agradecer o trabalho da psicanálise na cultura, ainda que nem todos os psicanalistas tenham colaborado nesta direção. Li os trabalhos de Havelock Ellis, como você recomendou, e muitos outros que lhe deram continuidade: Kinsey, Hite, Master e Johnson. Depois de certo tempo começou a ficar claro que a discussão sobre a normalidade ou patologia não fazia muito sentido, e ela foi sendo substituída pelo consenso de que se trata de um dos aspectos da variabilidade da função sexual humana, como você nos dizia. Isso fez muitos outros personagens históricos "saírem do armário" reparando, ainda que em parte, a memória de sofrimento de tantos que foram tratados com tanta injustiça e crueldade. Depois disso ficou claro que havia uma série de outras implicações decorrentes da segregação tanto no que diz respeito ao reconhecimento legal, do acesso a profissões e atividades humanas, da presença e participação no espaço público, como principalmente na experiência ética que essa variabilidade comporta. Ela acabou por representar, ainda que indiretamente, o princípio mesmo das variabilidades não reconhecidas: femininas, de classe, de cultura, de etnia e até mesmo de "neurodiversidade". Na próxima carta te explicarei como isso afeta a psicanálise hoje.

Em sua carta de 19 de abril de 1935, você nos dizia que seria muito improvável uma reorientação sexual e que o caminho mais seguro e benéfico que uma psicanálise pode oferecer nessas circunstâncias ambicionava proporcionar "harmonia, paz de espírito, eficiência total, quer ele siga sendo um homossexual ou tenha mudado". Seu comentário nos fez ver que nossa preocupação extrema com os efeitos do preconceito e dos potenciais prejuízos sociais que nosso filho poderia vir a sofrer encobria e silenciava tantas outras dificuldades e tormentos que a vida desejante nos coloca. Tudo o que encontrávamos como obstáculo no caminho de nossa relação familiar ou no progresso de seu desenvolvimento pessoal era sempre remetido, ainda que tacitamente, a essa palavra-chave. Como um funil explicativo, esse sorvedouro de diagnósticos, nomes e condições colhia tudo para dentro de si.

Foram anos de luta até que a palavra "homossexual" deixasse de ser fonte de vergonha e passasse a ser motivo de orgulho. Ainda nos preocupamos que esse prejuízo de representação pública, que afetou nosso filho, contenha ainda certos prejuízos psíquicos de ter ele crescido com pouca oferta de material narrativo, de baixa presença de erotismo cultural e de laços sociais que lhe seriam mais próprios. Agora percebemos melhor seu interesse por certos personagens, digamos, periféricos, naqueles filmes antigos que gostávamos de ver. Percebemos também que os homossexuais sempre estiveram presentes em nossa literatura e em nossa vida social, mas em certas apresentações, por vezes um tanto fixas, limitadas ou estereotipadas. Essa *moral sexual civilizada*, para usar um termo muito interessante de um de seus trabalhos, e sua moral dupla ainda está presente na forma como educamos nossos filhos e os ensinamos a amar e a trabalhar.

Agora percebo como nosso pedido anterior, para que a orientação sexual de meu filho fosse revertida ou curada, exprimia apenas e tão somente nossa dificuldade em aceitar alguém que é diferente de nós e dos nossos desejos mais manifestos. Tomados pela vergonha, por fantasmas de que ele sofreria demais, de que ele jamais seria aceito pelos outros, ficamos vulneráveis a todo tipo de charlatão disposto a nos dizer o que queríamos ouvir a qualquer custo. Terapias de reversão, procedimentos corretivos, reeducações comportamentais, remédios que o faziam enjoar, choques elétricos, quase tudo, até mesmo a castração química, servia em nome desse amor venenoso. Foi a muito custo que percebemos como tudo isso conseguia apenas indispô-lo com a sexualidade, com sua própria capacidade de sentir e sentir-se em situação de intimidade. Os assim chamados "resultados" nunca eram, nem nunca foram, uma mudança de orientação sexual, mas tão somente uma anestesia e uma debilitação da sua capacidade se experimentar prazer e de viver afetos intensamente. Percebemos dolorosamente que ele se dedicava a esse ritual apenas e tão somente porque tinha no horizonte uma prova de amor, no crivo de nossos ideais, e uma promessa de aceitação da qual ele, com toda razão, passou a nutrir ódio e ressentimento.

A duras penas e com o passar do tempo fomos descobrindo como essa diferença, longe de nos afastar, criava um outro tipo de proximidade e de intimidade, colocava novas questões que enriqueciam nossa experiência como pais. Aprendemos muito quando renunciamos à nossa posição de administradores correcionais e de chantagistas para enfim escutar que ele mesmo tinha seus caminhos. Gradualmente foi se formando entre nós outra atitude. Primeiro pudemos ver como ele genuinamente parecia feliz, como que pela primeira vez na vida, ao assumir um grande amor que de súbito surgiu em sua vida. No dia em que ele nos apresentou seu companheiro estávamos preparados para quase tudo, menos para a irrupção da inveja que sentimos ao ver que outra pessoa podia realmente fazê-lo feliz de uma maneira que o nosso amor condicional e condicionante nunca conseguiu. Aprendemos muito com isso. A ideia de que ele nunca teria alguém que pudesse cuidar dele mostrou-se apenas o que ela era em sua realidade aterradora e crua, ou seja, nosso desejo malsão de que ele se encarregasse de nós, só de nós em nossa velhice. Um desejo avarento de tê-lo só para nós.

Mas esse trajeto penoso de ilusões e decepções começou a mudar decisivamente a partir de um determinado ponto. Como o senhor deve saber, se é que ainda funciona o serviço de Acheronta, este barqueiro que entrega nossas cartas do mundo sublunar ao reino de Plutão (... e Perséfone), hoje podemos ter filhos nas idades mais avançadas da vida, que se tornaram anda mais avançadas. Com isso, logo após a morte de meu primeiro marido, resolvi experimentar, eu mesma, uma ligação com outra mulher. Isso em parte decorreu do lento reconhecimento que minha indisposição inicial com a homossexualidade de meu filho ligava-se com minhas próprias moções homoafetivas, mal admitidas. Anos tentando entendê-lo, décadas de afinidade horizontal com suas lutas políticas e debates teóricos, muita análise e outros encontros aqui e ali que a vida traz me fizeram perceber que quase sempre nossas indisposições carregam traços de desejos maltratados. Pois aqui estou nesta nova fase de minha vida experimentando novas descobertas e refazendo, agora do outro lado, a relação com meu filho.

Mas as novidades não param aí. As novas tecnologias de fecundação, ovodoação e fertilização permitiram que nós, eu e minha companheira, nos tornássemos mães tardias de uma linda *menina*. Sim, já se tornou prática simples que homossexuais tenham filhos e constituam famílias, nas mais novas formas e modalidades. Tenho certeza de que você se interessaria muito pelas novidades clínicas que isso traz, bem como pelas suas inusitadas resoluções.

Mas o motivo desta nova carta é outro.

Não é só que ela tenha namoradas e com elas se divirta e experimente o melhor e o pior das experiências eróticas ou desejantes. Nesse sentido, estamos dando nossos melhores esforços nesta profissão impossível que é cuidar e educar, auxiliados pelo aprendizado legado pela experiência com meu filho mais velho e com minha própria transformação senescente. Ocorre que nossa filha tem um questionamento constante sobre ser uma mulher, não apenas desejar e ser desejada por uma. Ela, inclusive, nos pede para evitar a palavra *menina*. Em vez disso ela nos convida a usar ora a nova expressão *menine*, ora algo de difícil pronúncia, mas de clara leitura *meninx*.

Nossa dúvida, e por isso pedimos novamente algumas de suas palavras, é como devemos escutar isso. Lendo seus trabalhos, e particularmente de um de seus continuadores, de um tal de Jacques Lacan, descobrimos que essa pergunta, sobre ser uma mulher... ou não, é muito persistente e ocorrente na histeria. Por outro lado, sabemos que não se fazem mais histéricas como antigamente. Sabemos também que algumas pessoas têm um sofrimento muito intenso que é de não pertencerem ao gênero no qual sua aparência os conforma, segundo os semblantes de nossa época e de nossa cultura. São pessoas trans, que sofrem com a presença de aspectos do corpo e do reconhecimento social que não se ajusta as suas expectativas de identidade.

Com meu filho foi difícil perceber que a fé alheia pode ser tão facilmente explorada, quando estamos dispostos a nos enganar. Religiões, psicoterapias, medicinas e psiquiatrias e até mesmo psicanálises podem se deixar levar por isso também, mas, por favor, alerte seus colegas a não se deixarem levar pelo nosso pedido, por nossa arrogância e por isso que revela apenas um interesse mesquinho de ver em nossa filha um prolongamento e uma extensão de nós mesmos. Ninguém merece ser amado desta maneira.

Não queremos impedir nada e incorrer nos mesmos erros que cometemos com nosso filho mais velho, mas estamos realmente confusos com certas decisões, digamos, práticas que temos pela frente. Percebemos o retorno de velhas discussões, sobre a lei, sobre o acesso ao espaço público, mas confesso que queríamos mesmo saber qual seria uma atitude menos nociva nessa direção.

Recentemente ela (ainda estamos treinando a coisa do *elx*), nos pediu para ser matriculada, para uma temporada de estudos, em uma escola na Suécia, onde o uso de gêneros específicos de linguagem, distintivos para homens e mulheres, não é praticado. As meninas não são chamadas pelos pronomes, artigos ou demais palavras que admitem flexão de gênero. Isso permite que outros gêneros fluidos, indeterminados ou ainda por vir possam encontrar um espaço mais favorável para manifestarem-se. Já estando ela em certa idade, o sistema de intercâmbio dessa escola requer que da Suécia nos venha *ume alunes*, o que nos deixa inquietos com nossas limitações linguístico-discursivas. O caso foi repudiado pelo coletivo feminista do qual nossa filha participa e que, para nosso maior orgulho, ajudou a fundar.

Não queremos repetir o com *elx*, o mesmo erro que cometi com ele. Todavia, parece que desta vez a questão é um pouco diferente. Antes, tratava-se de uma forma de desejo e de escolha de objeto (acertei no uso do conceito?), agora se trata de uma forma de identidade para a qual o corpo da própria pessoa é sentido, pela própria pessoa, como não adequado. Isso não representa uma variabilidade da função sexual, mas da relação entre o corpo e as identificações. Percebemos que nossa filha sofre com esse movimento que ela mesma institui e nega de ter que assumir um lugar entre os semblantes, uma posição de desejo e ainda conciliar as duas com tantas modalidades de prazer, satisfação e gozo.

Lemos em seus trabalhos que a adolescência pode ser um momento aflitivo porque nele temos que conectar fantasias nascentes, formas de gozo emergentes e ainda transformações inesperadas do corpo-identidade. Mas o que temos por aqui é uma indisposição completa desse processo, uma espécie de recusa a ingressar em um lugar determinado, quer quanto ao semblante, quer quanto ao gozo, quer quanto à orientação de desejo. Isso parece jogá-la em uma espécie de não lugar, que nós aceitamos, como uma espécie de tempo de transição indefinido. Mas ela mesma se inquieta muito com essa demanda por um não lugar e ao mesmo tempo de repúdio pela indeterminação angustiante e aflitiva que disso deriva.

Esperando ardentemente algumas palavras suas.

Atenciosa e agradecidamente,
C.

Tales Ab'Sáber

CARTA A SIGMUND FREUD: PARA ALÉM DE DESEJO E PODER

Prezado Professor Sigmund Freud,

Por um motivo exterior a nós dois, quero lhe dizer que venho lhe enviar essas linhas difíceis, uma vez que o tenho em tão alta conta numa esfera que, além da imensa admiração intelectual, é também, vou dizer sem reservas e peço que considere o momento de verdade do que significa para muitos estar diante do senhor uma vez nesta vida, uma real dimensão afetiva, de grande importância, do valor das coisas humanas às quais tive a oportunidade de ver por esta jornada em que por vezes pareço voar um pouquinho, mas na grande maioria das outras vezes, apenas claudicar junto ao cotidiano conhecido. O senhor, mais do que ninguém, sabe que fazemos muitos endereços e formas de nosso potencial pessoal de amar, e que tudo tem origem e sentido exatamente aí. Seu trabalho de entendimento do humano e prático é um grande dispositivo baseado na compreensão do que é o amor na vida humana, e utilizando-se do amor, para que cheguemos a conhecer, e se tudo o permitir, chegar a uma certa produção surpreendente, e nos movermos melhor mesmo em nossa própria capacidade de amar, que pode facilmente voltar-se contra si própria. Por isso, que eu saiba bem que o amor está presente aqui, e que o senhor também saiba, não é nenhuma novidade especial das coisas da vida para quem estudou a sua psicanálise, embora seja de fato aquilo mesmo que torna tudo o que fazemos de novo, novo e especial. Um potencial humano que, sendo uma força central da própria vida, também não é força que tenhamos a garantia que esteja inteiramente a nosso favor, o senhor nos ensinou, de modo muito comprometido, já há mais de cem anos. Muito pelo contrário, o amor, e suas forças de ligação, afirmação e invenção, podem estar a favor daquilo que em nós são formas insistentes e paradoxalmente desconhecidas de passado, de múltiplos e de um único e repetitivo jogo do passado, formas já meio mortas, mas artificiosamente vivas, ausentes da ordem possível de uma vida plenamente criadora agora, voltadas para o solipsismo e o egoísmo arrogante das coisas nossas que só a nós interessam, coisas meio tristes, numa ordem antissocial e antierótica que, ao mesmo tempo em que se afirma com força, não deixa de marcar a vida com o estrangeiro signo de uma constante dor e algum verdadeiro fracasso de si a si.

Passada essa mínima necessária declaração prévia, do afeto que antecede toda a palavra enviada a quem nos é tão caro, e a demonstração muito condensada que deixo aqui, como cartão de visita e pedido de reconhecimento, de um dos muitos problemas do humano que aprendi lendo o senhor diretamente com todo o cuidado que me foi possível, de quem, em algum lugar da invenção da história de si próprio se considera um tipo, uma espécie, de seu neto..., posso entrar no assunto vivo, por nos colocar em contato agora, e nos permitir pensar um pouquinho juntos, mas que de fato é tenso e de constante dificuldade humana, risco permanente de violência, que atravessa indiscriminadamente a história.

Escrevo de um país distante, grande e complexo, de origem colonial muito autoritária, escravocrata..., que, mesmo tendo se modernizado demais nos últimos cinquenta anos, tem sido atravessado nos últimos tempos por fortes movimentos políticos de caráter conservador, religioso e até mesmo abertamente fascista, cujo efeito repressor e formatador da vida "do outro" é apenas um dos grandes desgostos que temos vividos por aqui. Governo ilegítimo, desprezo antissocial único na tradição ocidental democrática moderna, corrupção e manipulação políticas e agora repressão simbólica mediocrizante de pobres de espírito e ação de violência direta de grupos estupidificados ao redor de uma liderança radicalmente anti-intelectual, promotora de violência direta, como modo de dar vazão e sentido para um mundo em crise, um sentido automático e descompromissado antigo de tipo *horda*, o senhor sabe..., o Brasil de onde escrevo vem afirmando uma cultura intensiva e forte da ignorância, do preconceito, da mentira histórica e da legitimação da violência extralegal como modo de fazer vida social e política. O senhor, que viveu na pele os horrores avançados nessa mesma direção das coisas do nazismo, e que escreveu sobre o risco de destruição do pacto simbólico civilizatório pelo retorno de forças tão arcaicas que poderiam estar mesmo comprometidas mais com a morte, a destruição niilista de tudo, do que com qualquer cenário de complexificação do que é a vida existente em um mundo social partilhado, deixou importante reflexão política sobre os modos de grupos humanos abandonarem a vida do pensamento, para entrar no regime de identificações, de controles automáticos de ideais e regressão à política de suspensão da razão pela fantasia de proteção grupal, amor do líder e solução sacrificial pela violência. E, infelizmente, para nós e para a nossa ideia do humano, é algo forte nessa direção que tem ocorrido no Brasil de hoje, paradoxalmente em um mundo ainda republicano, de liberdade de expressão, com uma democracia política de tipo liberal funcionando formalmente, minimamente quando se pensa na vida dos pobres, há 35 anos. Tudo parece indicar que a própria cultura democrática, ao menos entre nós, é fraca, e talvez estrategicamente disponível para a solução arcaizante, que tem forças próprias internas, não ditas nos seus princípios, primitivas, que evocam, em nosso caso, a constância de uma ordem social elitista, egoísta e escravista importante anterior, que antecedeu a formação do país em trezentos anos, forças que podem ser ativadas a qualquer momento histórico, a favor da reorganização política desde a estupidez do narcisismo dos grupos, seus sistemas identitários de valores e ideais, que então passam a gerir a vida simbólica desde o próprio desejo e da própria atuação, e não do pacto racional ainda imperfeito da lei acordada, o contrato social mediador sempre muito arduamente conquistado.

O panorama é esse: radicalização cultural, política explícita da estupidez e da mentira histórica e afirmação da violência social, muito, muito, muito burra, como a forma psíquica eleita de grupos, e de massas, como forma privilegiada de fazer política. Nesse quadro autoritário de liberalização da violência direta, a favor de grupos autodeclarados melhores, de interesses poderosos e de caráter econômico concentracionário, e no direito de julgar inteiramente o outro, o outro imediato, portador de qualquer signo de diferença, que o senhor conhece bem, interessantemente circulou entre nós uma carta que o senhor enviou a uma mãe norte-americana, já próximo ao fim de sua vida, no ano 1935, que o interpelava sobre a possibilidade de tratamento e transformação da experiência subjetiva da homossexualidade de seu filho. A carta, que foi enviada pela senhora que o considerou muito e também o teve em alta conta, "um homem notável e bondoso", a um importante pesquisador da sexualidade humana, Alfred Kinsey, terminou por se tornar de interesse público mais amplo, como tudo que o senhor se dedicou com atenção e pôs o seu conhecimento da experiência humana em foco.

De fato, a carta reafirma a posição nítida, sua e da psicanálise, de respeito e reconhecimento do princípio da experiência e do direito do desejo homossexual, nos mesmos termos que o senhor já havia anotado trinta anos antes nos seus ensaios sobre a sexualidade humana, no ano 1905. A homossexualidade, o desejo sexual estruturado por alguém do mesmo sexo, ou também o desejo identificatório de ser e de existir em uma forma psíquica ou corpórea oposta àquela de seu corpo genital original, uma homossexualidade do desejo, ou uma homossexualidade da identidade, esses objetos teóricos reais de sua psicanálise, que são a vida humana mesma, é o resultado particular, misterioso e único, mas fundamental na existência de quem se constituiu assim, da universalidade das condições bissexuais, não saturadas ou "identificadas" no princípio, das múltiplas forças eróticas originais bem presentes no corpo infantil, dizia o senhor então, infantil tão múltiplo em um corpo que goza em muitas zonas e de muitas lógicas imaginárias diferentes, quanto múltiplo nas possibilidades de fantasias estruturadoras que emergirão daí, fantasias que se tornarão mediadoras do eu junto às experiências amorosas eleitas de cada um de nós. Experiências que, por fim, em conjunto com o corpo pulsional marcado de cada um, darão forma à particularidade poética do desejo humano, desse modo, de seu ponto de vista, essencialmente fadado à multiplicidade.

O senhor já observava então, em um mundo autoritário e intolerante, que o desejo homossexual, ou transexual, em qualquer nível, não implicava em déficit moral e intelectual das pessoas que se viam e que buscavam gozar assim; muito pelo contrário, o senhor dizia, grandes homens, grandes culturas e grandes contribuições para a humanidade sempre foram produzidas por pessoas constituídas na experiência interior homossexual. Noutras palavras, homossexualidade, ou heterossexualidade, tomada em si mesma e em abstrato, nada tem a ver com ética ou criação humana. E, na carta à mãe americana, o senhor sinaliza a crueldade, o gozo político cultural a que pessoas e a cultura da homossexualidade são submetidas por outro tipo de desejo e de subjetivação, este sim, capaz de déficits éticos bastante sérios pela simples ação de perseguir, punir e violentar a diferença legítima do outro, o que, então, constitui um *lugar de poder*, lugar psíquico de poder, pelo direito autoconcedido de fazer violência sobre essa diferença existencial tão comum do desejo humano.

Essa postura esclarecedora, liberal, progressista, faz do senhor e da sua psicanálise, disciplina que a sustenta como saber científico, um herói verdadeiro das possibilidades da vida, pouco evocado sem dúvida pelos movimentos políticos de diversidade e de reconhecimento de hoje, mas de fato um herói das causas e da existência do desejo alheio no mundo humano. Um herói negativo na essência do trabalho e estrangeiro a toda identificação excessiva. Ao contrário de pensar as relações e a cultura como espaço de imposição de qualquer posição pessoal de desejo sobre qualquer outro, o senhor a pensa como o espaço da convivência da inevitável diferença, e dos múltiplos modos de vida e subjetivação que devem necessariamente emergir daí. Sua postura é a da suspensão de juízo e do desejo de micropoder sobre a pequena diferença, ou a diferença, de aceitação e de compreensão *do verdadeiro outro*, do não idêntico ao meu próprio desejo.

Como o artista, que um dia o senhor disse se diferenciar da repetição da neurose grupal por transformá-la simbolicamente no poema, que conta de uma outra forma a verdade recalcada da religião do grupo, e então o poeta pode dizer finalmente "eu" diante do grupo que se compraz na repetição inconsciente daquilo que o unifica, o seu trabalho científico e humano trouxe o problema do desejo do outro para um plano de suspensão e equivalência das coisas humanas, de modo que o senhor não goza no terror ideológico da imposição do próprio desejo, parcial, uma perspectiva, ao outro, mas projeta politicamente *um lugar vazio*, radicalmente ético, de múltiplas representações sexuais na cultura, na qual o senhor mesmo emerge como um "eu", apenas não submetido à saturação dos gozos existentes sob as formas ideológicas e grupais de poder, conservadorismos classistas sexistas, religiões e cultura autoritária da baixa eleição fascista, de todo tipo.

Por isso o seu discurso sutil de política sexual na cultura, que teria longa vida esclarecedora ao longo do século XX – um importante filósofo crítico o recuperaria na década de 1950, estruturando uma crítica sexual política mais forte, que seria a origem de um grande movimento erótico político contra os poderes de Estado e de subjetivação existente, tudo baseado em uma leitura rigorosa do senhor, desde a qual aquele pensador escreveu um livro radical e bonito, muito inteligente, que dialogava com tudo isso em sua obra, chamado *Eros e civilização* – era de fato uma postura clara, e apesar do seu recolhimento pessoal, que desconhecia e evitava a ação espetacular e narcísica do intelectual na cultura, o senhor sempre se posicionou nítida e positivamente a favor da vida sexual do outro, do reconhecimento da multiplicidade e da diferença como uma riqueza humana, estrutural e da natureza múltipla da própria fonte psíquica do que será o desejo. Assim, coerentemente, o senhor escreveria que, desde o aprendizado dos elementos culturais e políticos que a clínica psicanalítica proporcionava, já era necessário, como política de saúde pública esclarecida, conquistar o direito social à plena expressão e vida do desejo feminino na cultura, desejo que, o senhor dizia explicitamente, não devia mais estar sob o controle moral e político rígido da moral conservadora e da *forma casamento* patriarcal burguesa... isso em 1910... Política, cultura, saúde mental, liberdade e legitimidade do desejo do outro, e um saber dessas coisas, se articulavam profundamente em um único gesto de pensamento e ação crítica no mundo, de um modo novo, esclarecedor e potencialmente transformador no plano da vida. Um gesto impressionante de contribuição cultural política total, podemos dizer, que evidentemente contribuiria para o grande ressentimento e mal-estar existente, no mundo interessado, ao redor do seu nome.

Do mesmo modo, dois anos antes, na abertura crítica e política do primeiro estudo de um caso de psicanálise de crianças, do supervivo, mas muito assustado e querido menininho Hans, o senhor escrevia pela primeira vez a favor da liberdade e do respeito aos modos de ser e experimentar *da vida sexual das crianças*. Assim se configurava o seu panteão de possibilidades críticas de uma política do recebimento e do *reconhecimento da sexualidade do outro*, de qualquer outro: do direito à vida sexual livre de controles morais e do poder patriarcal das mulheres, dos homossexuais, muitas e muitas vezes geniais, que têm direito à vida plena na cultura, e do direito das crianças à própria pesquisa sexual e sexualidade... Além disso, o dispositivo inteligente e amoroso da sua psicanálise permitia ainda que cada um revisse, nos seus próprios termos, de acordo com as próprias possibilidades e o espaço inconsciente do próprio desejo, estes próprios fundamentos do próprio desejo, sempre de modo livre, mas agora, comprometidamente acompanhado pelo senhor. Por isso eu lhe digo, sem medo de exagerar, que o seu lugar pessoal de subjetivação burguesa clássica era radicalmente democrático e crítico, de modo que o senhor era também um herói da liberdade, da liberdade erótica na vida, e do exercício trabalhado, civilizatório, do reconhecimento, e virtualmente da celebração futura, da diferença no humano.

Este é, aliás, um dos grandes paradoxos, de tantos e tantos existentes na vida da sua psicanálise, um saber, uma prática e uma teoria que, fundamentados sobre princípios universais e estruturais de razão e de cientificidade, geram um espaço de recebimento, aceitação e destaque *de toda forma de particularidade e diferença na cultura*, de modo que a universalidade vazia, mas amorosa, de sua razão e observação, e suas possibilidades teóricas, produz mesmo uma verdadeira *universalidade da multiplicidade*. O lugar da universalidade da multiplicidade do desejo, de fato a psicanálise poderia ser definida assim. E os efeitos políticos dessa grande produção dialética e complexa só poderiam ser imensos. Como não amar um trabalho humano inteligente e justo como esse?

De fato é essa a pergunta final que gostaria de lhe fazer. Como e por que não amar a produção do direito à vida e à diferença, que a sua psicanálise representou de fato um dos momentos modernos essenciais da consciência dessas coisas? A radicalidade algo negativa de sua prática teórica da desconstrução do humano aos seus motivos desejantes de fundo, ao seu jogo de algo da *má-fé* da estruturação inconsciente das ações e do trabalho ferido do desejo – como outro filósofo crítico importante diria sobre a psicanálise – aponta um máquina crítica muito sutil e muito radical *para qualquer posição de saturação de desejo e de nomeação do lugar do outro para o meu próprio gozo.*

Assim, por exemplo, do ponto de vista dessa hipercrítica ao humano e seu modos de ser e fazer, os próprios movimentos ditos identitários de hoje deveriam necessitar rever constantemente o seu fundo de desejo na luta frente aqueles que localizam como os que os determinam como gesto de poder. Desconstruir o poder, naquilo que ele tem de violento, é um gesto de força que deve ser ainda mais forte, aprendemos com o senhor, deve projetar o horizonte de reconhecimento e de crítica do poder desejado e internalizado naquele mesmo que luta. Sua psicanálise é tão radical, no recebimento do humano e na necessidade universal de trabalho aí, que nenhuma identidade amorosa, nenhum gozo imaginário, nenhum desejo de posse do outro, nenhuma forma de gozo particular, mesmo as tidas historicamente por positivas na luta pela justiça agora, estão livres de se perceberem igualmente parciais, igualmente orientadas em algum lugar para o gozo não acordado, ilegítimo, forma de poder sobre um outro e sobre si mesmo, um outro que foi posicionado aí pelo meu próprio desejo, desejo de poder. É essa dimensão muito radical da crítica de todo gesto de violência, e seu comprometimento com o desejo, que forma poder desde esse vínculo, que faz sua psicanálise caminhar sobre a utopia de um lugar suspenso virtual, um lugar crítico e negativo em que todo gesto de submissão do outro e de si mesmo, como negativo das particularidades do desejo, também se revelam.

É esse lugar de trabalho de suspensão da legitimidade da violência do desejo, o lugar vazio de uma força utópica em que energia sexual e crítica estariam irmanadas, que faz do senhor um grande herói para mim, no sentido original mesmo do homem que suporta as forças infinitas e absurdas da vida, que as enfrenta plenamente, mesmo sabendo que sucumbirá ao que nelas não alcança o nível de justiça que o herói de fato projeta. Mas, quando a consciência humana chega aí, por mais frágil que seja esse lugar negativo e utópico, ele é o lugar verdadeiro da liberdade possível, e, por mais que o arcaico simplório retorne sempre, o desejo de plena determinação do lugar do outro para a ação do meu gozo tão particular, a humanidade talvez *se lembre do futuro*, que um dia alcançou como ética e forma de trabalhar a vida. A humanidade talvez não deseje abrir mão do sentido verdadeiro do que é a liberdade, a liberdade diante de si própria, e um mundo mais próximo do que o que o senhor desejou para todos nós poderia então, gradualmente, se afirmar como o mundo de um real gozo ainda desconhecido. Esse é o trabalho muito melhor que o senhor nos legou.

Muito obrigado por tudo e até a próxima oportunidade, do seu colega, amigo e neto

Tales Ab'Sáber

Pedro Ambra

HÁ MUITO TEMPO NÃO RECEBO CARTAS

Caro Dr. Freud,

Há muito tempo não recebo cartas. Mas antes que o senhor me tome por um homem de poucos amigos, um esclarecimento: por algum motivo alheio às nossas vontades, sua carta permaneceu em espera e tardou algumas boas décadas a encontrar uma resposta. De lá para cá, os mal-estares se rearranjaram e algumas das ditas conquistas civilizatórias acabaram por produzir apagamentos de práticas tão corriqueiras e necessárias quanto à troca de cartas. É uma pena. Mas, adianto-lhe, essas não foram as únicas mudanças que testemunhamos.

Houve mais guerra. Genocídios, muros e tensões que deixaram (e ainda deixam) a humanidade à beira do abismo. Mas houve também sonhos e utopias de um amanhã de menos opressão. Curiosamente, a sexualidade, pela qual tantas vezes a psicanálise sofreu as mais injustificadas críticas, encontrou algo que podemos chamar, sem muito prejuízo, de revolução. O casamento e a monogamia perderam grande parte de seu verniz de obrigação, sendo uma escolha possível entre outras. Inegáveis avanços em técnicas contraceptivas tornaram a vida sexual das mulheres um pouco menos cativa da moral sexual. Mais ainda, essa mesma homossexualidade – que de tão inaceitável não é nem ao menos nomeada na pena dessa pobre mãe – pôde encontrar destinos de menor repressão cultural. Mas eu estaria faltando com a verdade se lhe dissesse que isso é tudo.

O feminismo que o senhor pôde conhecer desdobrou-se nas mais variadas (e por vezes contraditórias) correntes de pensamento, num movimento curiosamente análogo àquele que a psicanálise foi forçada a fazer quando encontrou o seu momento de conquistar aquilo que herdou. O primeiro, aliás, veio a se tornar um dos grandes interlocutores da psicanálise e, arrisco-me dizer, de maneira muito mais produtiva do que se poderia esperar de outros campos como a neurologia e outras ciências naturais. O tom do debate com as feministas nem sempre foi o mais amigável, é verdade, mas elas nos fizeram ter que encarar mais frontalmente algumas naturalizações que, talvez, tenham sido indevidas.

Uma delas – já polêmica à época de sua proposição – é aquela da equivalência entre falo e pênis. Entre psicanalistas, será cada vez mais frequente o apontamento da diferença entre ambos, na medida em que um se referiria ao órgão masculino e o outro, a uma sorte de representação da própria castração, à presença de uma ausência, digamos. Uma pensadora feminista de quem gosto muito apontará, não sem alguma ironia, que nosso esforço em separar falo e pênis tem uma estrutura de *Verneinung*: pela negação, veiculamos uma verdade que gostaríamos de manter velada. Ao afirmar com tanta veemência que "o falo não é o pênis!", não estaríamos procedendo como aquele neurótico que diz "Sonhei com uma mulher, mas não é minha mãe!"?

Talvez aqui eu fale de um lugar já muito colonizado por afrancesamentos de sua obra, mas me pergunto se nossa sanha em controlar o significado do falo ignora o que há aí de mais significante: não parece haver nada no que supomos de real na imagem do corpo que dê conta do caráter simbólico da diferença. Dito de outra forma, a diferença sexual de fato existe ou o que existe é a diferença *do* sexual? Será que a tensão entre monismo fálico e bissexualidade primária encontraria uma resolução numa *Aufhebung des Geschlechts*? Em português talvez pudéssemos falar numa *suprassunção do gênero* ou, mais poeticamente, num *relevo do sexo* que tome a diferença não como causa, mas como *processo*. Suspender (sem ignorar) a diferença dos sexos não implicaria assim em atravessar a binariedade que nos força a fazer (ou renegar) referência ao órgão e suas capturas imaginárias? Me baseando em experiências e fenômenos contemporâneos de trânsito entre os sexos, chego a me perguntar por que pensamos tanto na *diferença sexual*, sendo que nossa prática dá testemunhos que, em realidade, o *sexual é a diferença*?

Ainda sobre esse minado campo, permito-me fazer outra indagação. Foi-nos ficando claro como, a partir de determinado momento de sua obra, a sexualidade feminina paulatinamente foi se construindo como um *enigma*. Ainda hoje retomamos expressões como *Dark Continent*, continuamos nos perguntando *O que quer a mulher?* e assumimos, talvez com demasiada naturalidade, o embaraço ao tratar de questões femininas. Dada a radicalidade de sua irrepresentabilidade no inconsciente, alguns chegarão mesmo a afirmar que "A Mulher" não existe. Mas, por vezes, ainda me pergunto sobre a extensão dos efeitos dessa postura na teoria e na prática analíticas. Insistir em tal caráter misterioso e de alteridade tão radical da mulher não teria como silencioso efeito uma naturalização do que entendemos como homem? Será que não inventamos a obscuridade desse continente para nos convencer que o outro é cristalino? Dito de outra forma, a explosão de pesquisas em psicanálise sobre feminilidade não produz – além de seus notórios progressos – uma ilusão de que o masculino não precisa ser explicado, e, no limite, sua equiparação irrefletida a um universal iluminista, tornando "homem" uma categoria autoevidente?

E, falando em continente negro, me vejo agora impelido a cruzar a linha de civilidade e de respeito que se esperaria de um jovem aprendiz dirigindo-se ao mestre de seus mestres. Coloco meu dedo latino-americano em sua face austríaca e lhe pergunto: *por que tanto silêncio em relação à questão colonial e de raça? Por que apostar tanto numa psicanálise que se diz sem cor sendo tão branca?*

Acredite, eu entendo a aposta na universalidade do inconsciente, os perigos de noções como "psique negra" e os riscos da secundarização das contradições do sujeito em prol da elevação de seu traço de grupo à categoria determinante. Por outro lado, doutor, não pense o senhor que os avanços civilizatórios de que falava há pouco suplantaram as barbáries, pois, como cantamos por aqui, *os camburões são negreiros a retraficar*. Mesmo após tantas libertações das opressões sofridas mundo afora, os negros, as mulheres e outros grupos minorizados seguem vítimas de uma (outra) dupla moral: defende-se a igualdade de dia, espanca-se à noite. Em nome da defesa da liberdade, exploram-se mais aquelas a quem se paga menos. Bradam que todos são iguais perante a lei, mas não ter o falo (ou pênis ou voz... *n'est pas*?) faz com que sua denúncia tenha menos valor. Ainda que essas questões possam parecer exclusivamente sociais e que em nada contaminariam o ouro da psicanálise, pergunto: existe associação livre se o subalterno não pode falar? Que tipo de escuta oferecemos aos nossos pacientes quando – em nome do fantasma de uma neutralidade que há muito deixamos de acreditar – não se considera a insistência estrutural e generalizada de tais experiências desde a mais tenra infância?

Ao dizer a essa mãe que a homossexualidade *certamente* não é uma vantagem, depreendo que o senhor em alguma medida sabe do que estou falando. Parece-me que a certeza de não se tratar de uma vantagem advém muito menos de discussões sobre a riqueza ou pobreza dessa vida amorosa e muito mais de saber que o lugar cultural reservado àqueles nomeados como homossexuais é socialmente (e não sexualmente) problemático. E essa constatação me conduz a uma questão clínica que gostaria de oferecer ao seu aguçado escrutínio.

Apesar de muitos comentadores de sua obra insistirem em uma separação radical entre neuroses, psicoses e perversões, devo-lhe confessar que, até hoje, nunca encontrei nenhum perverso na clínica. Ou melhor, nunca encontrei nenhum dito perverso que não tivesse uma modalidade ou neurótica ou psicótica de sofrimento. É inegável que a polimorfia da pulsão nos brinda com a mais vasta fauna de modalidades de satisfação. É verdade, também, que algumas delas seriam severamente julgadas pela sociedade e causariam espanto até mesmo entre os mais convictos libertinos. Mas isso é suficiente para caracterizá-la como uma estrutura distinta das outras? Ainda que haja mecanismos perversos (como o fetichismo, o masoquismo, o sadismo), depreendo, por sua carta, que o senhor julga que a análise seria capaz de curar a neurose em um homossexual, ou seja, que essa "modalidade de perversão" não seria incompatível com a chamada miséria neurótica. Sua insistência em sublinhar que a homossexualidade não é uma doença me fez lembrar de uma postura semelhante no texto *Sobre a psicogênese de um caso de homossexualidade feminina*. Texto esse que, a meu ver, difere sensivelmente de outros casos clínicos na medida em que não há propriamente a instauração de um tratamento, nem uma demanda de análise, mas sim uma queixa do pai. A discussão sobre a psicogênese da homossexualidade parece se perder e tornar-se tão espinhosa quanto seria uma reflexão sobre a psicogênese da heterossexualidade. Daí que sua insistência em dizer que a jovem não estaria doente me faz pensar, justamente, que talvez a perversão seja muito mais uma categoria metapsicológica do que propriamente psicopatológica. Se a perversão é, assim, uma característica da própria pulsão, o que nos impediria de assumir que, em algum nível, somos todos perversos?

Receio que minhas indagações quedarão sem resposta de sua parte. Mas, coisa curiosa, não é próprio da prática analítica fazer com que o silêncio seja parte necessária da resolução dessas mesmas questões?

Ainda que venham a recair sobre mim as regras de etiqueta, não convém despedir-me do senhor de outra forma senão daquela que meu coração sugere e que meu tempo me convida.

Valeu, falou.
Pedro

P.S.: Segura a onda e não queime suas cartas e manuscritos, faz favor.

Marcelo Veras

UM PEQUENO PEDAÇO DE LYCRA

Salvador, 12 de janeiro de 2019

Caro Dr. Freud,

Escrevo de Salvador, Bahia. Hoje foi mais um dia quente de verão. Mas Salvador guarda os bons ventos do Nordeste brasileiro. Quem diria que sua psicanálise pudesse se desenvolver em pleno Brasil? Mas lembro-me que seu Cândido, referido em *O mal-estar na civilização,* passou por Eldorado, algo entre o Brasil e a Colômbia. Aqui na cidade, quando o calor é muito forte, sempre somos acariciados por uma brisa tão bem-vinda quanto o hálito materno nas noites escuras de nossos maiores medos. Nas praias, os corpos são expostos em uma alegria borbulhante que mistura pretos, pardos e brancos, apagando por um instante o fato de que a cidade com a maior população negra fora da África é um fosso racial desenhando um nítido mapa de segregação.

Andando pelas ruas, pensei na distância que separa a visão dos corpos na velha Viena e nos dias de hoje. O corpo guarda cada vez menos mistérios. Nas praias os corpos estão quase nus, e um pequeno pedaço de lycra, um tecido sintético criado por Joseph Shivers em 1959, esconde – *a mínima* – a percepção visual que define homens e mulheres. Contudo, como o senhor mesmo me ensinou, somente se esconde o que já se mostrou. A invenção do senhor Shivers, na verdade, nada esconde, ao contrário, ela molda com elastano o falo positivado como único elemento a ser velado na dança dos sexos. Nem ternos, nem espartilhos, nem chapéus ou vestidos rendados, untados de filtro solar ou bronzeador, os corpos de homens e mulheres se mostram despudorados, nenhum estilo complexo de vestimenta os categoriza, apenas o falo se oculta, tanto para os que o possuem quanto para os que o desejam.

Na Bahia temos um febril carnaval. É a época em que os corpos se encontram com menos censura ainda, uma liberação que mostra o triunfo do eu sobre o supereu, como o senhor mesmo me disse em seu texto *O humor*, de 1927. Poderíamos dizer que nas festas baianas, toda a sensualidade transgressora ignora as leis, a homossexualidade é tolerada e os sexos se encontram de forma fugaz, sem compromissos, sem necessidade de futuro. Mas as coisas não são bem assim, nossa memória ainda guarda os traços do pior, já que o mundo sequer cessou de contabilizar os mortos, aos milhões, que uma nova peste chamada de SIDA, maliciosa e falsamente atribuída aos gays, sequestrou, pondo fim à festa de liberação sexual iniciada nos anos 1970.

Nesses tristes anos, foi possível ainda assim que a universidade americana se debruçasse sobre a homossexualidade para extrair consequências muito além da tipificação tradicional, ou mesmo retrógrada, da perversão, e trouxesse às luzes outro modo de pensar a construção dos gêneros, a teoria *queer*. Considero a teoria *queer* um evento na cultura de crucial importância, pois convocou e provocou os psicanalistas a repensarem seus conceitos e práticas. Acredito que muitos ficaram na defensiva e entraram tarde demais no debate com a teoria *queer*. Tenho certeza que essa não seria sua posição. Ela coloca diretamente em questão o papel da castração na sexualidade, eixo central de sua teoria. Como não se empolgar com o desafio de tal debate? O senhor fez falta. Assim como tenho certeza que o senhor não recusaria o debate com dois filósofos que criticaram o familiarismo e o papel da identificação paterna de suas teorias em uma consistente obra dos anos 1970 nomeada de *O anti-Édipo*.

E assim atravessamos as últimas décadas, enquanto aprendíamos os efeitos sobre as famílias da liberação sexual, a irrupção do real da SIDA foi rapidamente mascarada por um semblante moral que insistia em encontrar um outro que fosse culpado. A doença tornou-se pano de fundo para que uma nova onda de segregação apartasse a homossexualidade da cena cotidiana. As artes entristeceram. Assim como a tuberculose afastou os boêmios de Puccini, a nova peste dizimou uma geração inteira de artistas; e isso no momento mesmo em que o Brasil despertava de uma ditadura e buscava a universalização da saúde e da educação para todos a partir de uma nova Constituição que buscava corrigir as distorções que um Brasil feito pelas e para as elites gerou. Com a doença se espalhando em escala planetária, foram necessárias mais duas décadas para que as questões de gênero pudessem novamente ser trazidas à cena sem culpas. Surgiram então os grandes movimentos de libertação do supereu feroz, que culpava toda forma de gozar que não fosse heteronormativa, abrindo espaço para a irrupção de outra vertente do supereu, a que exige gozar de tudo sem limites, sobretudo sem restrições fálicas. Iniciadas no final dos anos 1990, a Parada Gay de São Paulo chegou a ser em 2006 considerada como a maior Parada Gay do mundo pelo *Guinness Book*. Entrando em sua segunda década, o terceiro milênio dava sinais de ter finalmente assimilado os conselhos dessa sua carta, Dr. Freud, promovendo uma inédita separação entre o mal-estar da pulsão de morte e o campo dos ideais morais. Porém, como no polar de James Cain, *the postman always rings twice*, e o supereu retornou mostrando sua outra face de Janus, o imperativo de um gozo sem limites.

Com o surgimento das famílias homoparentais, nossa clínica mudou bastante nos últimos anos. Legitimado pela lei em diversos países, o movimento que instituiu o casamento para todos independente do sexo, desconstruiu, para desespero dos adoradores dos símbolos, a ideia de que a família deve ser formada a partir de uma lei natural. Muitos ainda se lembram dos livros de educação sexual dos anos 1950 que diziam que as vaquinhas fazem assim, os cachorrinhos fazem assim e papai e mamãe também fazem assim. Contudo, quando o senhor retoma a afirmação napoleônica de que a anatomia é o destino, não foram poucos os que lhe atribuíram um sentido machista e fatalista para o real da diferença entre os corpos. Ora, o senhor jamais quis naturalizar uma pulsão genital precisamente para escapar dessa cilada. Ao sustentar a perversão polimorfa da criança, o senhor sustentou que a escolha entre ser homem e mulher se fundaria em uma teoria sexual, a das próprias crianças diante da percepção visual de uma diferença anatômica.

Um de seus leitores mais eminentes, Jacques Lacan, foi fundamental para corrigir o equívoco em que muitos pós-freudianos, como Ernest Jones, por exemplo, se enveredaram. Com Lacan, aprendemos que o Complexo de Édipo é precisamente uma ficção simbólica que se distancia do real do corpo da ciência para mostrar como as teorias sexuais infantis prevalecem sobre a simples *mimesis* da pantomima viril. "A Natureza" não existe para o ser falante, nada é natural na casa da linguagem. Isso não deixa de abalar a tradição familiar. Com Lacan, uma família não é mais simplesmente uma trama de identificações decalcadas do Édipo; entra em jogo a família sintoma, ou seja, a família composta por seres que se encontram um ao outro para compartilhar um modo de gozar.

Muita coisa avançou no campo da medicina, as técnicas de mudança de sexo produzem hoje resultados cada vez mais próximos da natureza. Tal como a máxima de Voltaire, se Deus fez o homem à sua imagem e semelhança, o homem pagou na mesma moeda. Os novos tempos confirmam a hipótese lacaniana de que o verdadeiro horror não está na castração, mas na suspensão de seus efeitos. Velhas e novas religiões testam seu poder diante do inexorável caminhar da ciência. Mais as técnicas científicas apontarão para a disjunção entre o verbo e a carne, mais as leis de ferro de novos fundamentalismos buscarão orientar o sujeito de volta para a normatividade fálica. O que ambas, ciência e religião, buscam velar é precisamente a falta de um sexo confortável para o ser falante; somos todos condenados a viver com a precariedade de nossas invenções na busca de um Outro sexo que dará consistência à relação sexual. Mas essa não existe, dois corpos nunca farão Um, somos condenados a essa solidão.

Marcelo Veras

Marcia Tiburi

UMA EXPERIÊNCIA LIMÍTROFE

Rio de Janeiro, 17 de setembro de 2018

Dr. Freud,

Em outra época eu acharia estranho escrever uma carta para alguém que morreu há tanto tempo, mas como eu mesma recebi um dia desses uma carta do além de um político brasileiro chamado Leonel Brizola, me vejo no espírito do tempo. Um tempo absurdo em que a incomunicabilidade é total e, talvez justamente por isso, o absurdo seja o espírito do tempo. Então vamos a ele.

Não se pode dizer que os tempos mudaram muito, assim como você viu a passagem do século XIX para o XX, eu vejo a passagem do XX para o XXI e me estarreço com o eterno retorno do recalcado. Não exagero, estamos vivendo em pleno século XIX. Das doenças de sua época, tuberculose e sífilis, às epidemias de doenças provocadas por mosquitos em um mundo sem saneamento básico, vamos de mal a pior. A fascinação com a internet faz lembrar aquele velho fascínio com a fotografia e o cinema. As imagens técnicas espantam e convocam os espíritos cada vez mais espectrais. Há uma espectralização do mundo. Chamamos de "mundo virtual". Além disso, o fascismo retorna com a tremenda energia psíquica do ódio ao outro. Aqueles que achavam que o fascismo era um fenômeno de exceção histórico já ultrapassado devem estar estarrecidos.

Eu não. Depois de você me acostumei a pensar que o recalcado sempre retorna. E que ele é bem conhecido. Mas mais que isso: o simbólico tem se tornado real nesses tempos muito loucos. Nosso Museu Nacional há poucos dias pegou fogo, e isso não é uma metáfora. Os arquivos de milênios desapareceram. Vinte milhões de peças de culturas e épocas. De fósseis a livros raríssimos, da megafauna do pleistoceno às múmias egípcias, do Acervo Amazônico de Gonçalves Dias com peças da indumentária, arcos, enfeites com penas de pássaros, vasilhas, cestarias, cerâmica à coleção de entomologia. É o inominável.

Jacques Derrida escreveu um livro chamado *Mal de arquivo*, no qual fala muito sobre você, sobre a memória e a psicanálise. A internet, esse "ambiente" interrompeu o trabalho da memória. Agora não existe mais arquivo. Agora o Museu Nacional pega fogo e até o fóssil de Luzia de onze mil anos desaparece. Daqui pra frente o mundo será outro. Muitos dizem que estamos em retrocesso, mas na verdade, voltamos à pré-história, à estaca zero.

Desde que li a carta que você escreveu àquela mãe preocupada com o destino sexual de seu filho, não canso de pensar em responder por ela. Não tenho muito tempo nesse momento em que faço uma experiência filosófica limítrofe: sou candidata a governadora do estado do Rio de Janeiro onde estava o museu. Realmente, uma experiência estranhamente inquietante. Sobrou o meteorito de Bendegó. E ele também faz parte da metáfora do Museu Nacional aniquilado: ciências destruídas no país do Golpe.

A questão da carta não me deixa, pois vi nela o enfrentamento à opressão de gênero e de sexualidade que o feminismo – que evoluiu muito desde a sua época – ajuda a desmontar. O chamado do especialista à tranquilidade do cidadão envolvido – no caso, a mãe, a cidadã, deve nos inspirar a todos nesse momento em que os delírios avançam tendo sempre o outro como objeto. Sempre penso em retomar aquela ideia que você abandonou: o complexo do outro, esse misto de atração e repulsa.

Seja por onde for, a sensação que tenho é de que estamos fugindo de nossos caçadores.

Um abraço,
Marcia Tiburi, filósofa

Letícia Lanz

SEMPRE PREFERI UM VESTIDO FLORIDO

Prezado Dr. Freud,

Em primeiro lugar, quero agradecer a sua gentileza em responder tão prontamente à carta da minha mãe, assim como, em nome dela, pedir-lhe sinceras desculpas pela longa demora (de algumas décadas...) em lhe dar notícias minhas, seu filho, conforme o senhor havia lhe solicitado. Posso lhe garantir que essa demora não foi em vão, pois permitiu que a sociedade ampliasse sensivelmente o seu entendimento a respeito do assunto sobre o qual ela lhe consultou, conforme eu passo a lhe relatar.

O senhor já deve ter percebido que quem lhe responde não é minha mãe, que lhe escreveu, mas o seu filho, objeto da consulta que ela lhe encaminhou pedindo orientação de como deveria proceder comigo. Peço desculpas se estou sendo invasivo ou indiscreto, respondendo, no lugar dela, a carta tão significativa que o senhor lhe enviou. Mas como ela nunca fez segredo para mim dessa carta, tenho certeza que ficará muito feliz quando souber que hoje, adulto e vivido, eu estou tendo a iniciativa de lhe enviar notícias minhas.

Em sua carta tão gentil, o senhor diz ter concluído, a partir das colocações que minha mãe lhe fez a meu respeito, que, embora ela não tivesse afirmado isso, eu devia ser homossexual, mas que isso, ainda que não fosse uma vantagem, não comprometeria em nada o meu desempenho como pessoa na sociedade. Quero lhe agradecer por compartilhar com ela a sua visão tão positiva e auspiciosa a respeito de uma condição individual que ainda hoje costuma ser vista como algo muito desfavorável e vergonhoso na vida das pessoas. Sua postura, assim como de tantos outros pioneiros nos estudos sobre a sexualidade humana, certamente contribuiu muito para que a homossexualidade deixasse de ser considerada condição patológica pela Organização Mundial de Saúde, a partir da publicação da 10ª versão da Classificação Internacional de Doenças, em 17 de maio de 1990.

Entretanto, Dr. Freud, como eu já lhe disse antes, o longo período transcorrido entre o momento em que minha mãe recebeu sua carta-resposta e os dias atuais em que vivemos, já no século XXI, permitiu que eu fosse desenvolvendo e aprimorando uma visão bem mais apurada da minha própria condição, que, àquela época, o senhor afirmou à minha mãe tratar-se de homossexualidade.

Acho que se ela não afirmou que eu era homossexual na sua carta, como o senhor perspicazmente percebeu e destacou na sua resposta, foi porque ela sempre suspeitou que o meu comportamento nunca se encaixasse exatamente na descrição que se fazia, e ainda se faz, de uma pessoa homossexual. Para ela, eu espelhava uma outra coisa que ela, infelizmente, naquela época, ainda não era capaz de identificar. Uma coisa que, na verdade, era percebida apenas por um número muito restrito de pesquisadores, como o médico e sexólogo alemão Magnus Hirschfeld ou o médico e psicólogo inglês Havelock Ellis, pessoas com quem, acredito, o senhor não teve a oportunidade de se encontrar.

É certo que eu, desde muito criança, tanto demonstrava total desinteresse por brinquedos de menino quanto um interesse acima do comum por brinquedos de menina. A mesma coisa acontecia quando se tratava de roupas e calçados. Eu sempre tive uma atração incrível por peças do vestuário feminino, assim como repudiava a indumentária masculina, que eu só vestia muito a contragosto e sob intensa pressão dos meus pais.

Na escola, era nítida a minha preferência pela companhia das meninas, da mesma forma que eu evitava sistematicamente as brincadeiras com outros meninos. No plano afetivo, sempre fui considerado um menino meigo e carinhoso, perfil muito distante da personalidade viril e agressiva que era esperada dos meninos. De maneira nenhuma eu me enquadrava nos estereótipos de masculinidade estabelecidos pela sociedade daquela época. Não só não me enquadrava como recusava terminantemente me comportar como a sociedade achava que um "menino homem" devia se comportar.

Desde o começo da minha vida escolar, as professoras e demais membros da escola não hesitaram em rotular-me de afeminado e em tratar-me como se o meu comportamento estivesse transgredindo princípios educacionais básicos, ainda que fosse exemplar o meu desempenho de aluno e eu estivesse sempre entre os melhores da classe. Na verdade, logo vim a perceber que o meu comportamento, dito "efeminado", mais incomodava e gerava tensões com os valores e crenças das professoras do que ia de encontro às normas de funcionamento da escola. O mais interessante é que, em vez de classificar-me apenas como menino afeminado, insistiam em considerar-me homossexual.

Esse era justamente o ponto que mais afligia minha mãe, como ela muitas vezes me disse. Ela tinha muita resistência em que me rotulassem como homossexual numa idade tão precoce, quando a minha própria sexualidade ainda não tinha sequer aflorado. Como o senhor mesmo afirmou, Dr. Freud, a sexualidade da criança só começa a se manifestar no início da adolescência e só se define mais completamente ao final dela, já no início da fase adulta.

Entretanto, tinha ficado muito claro para minha mãe e, mais tarde, para mim mesmo, que a escola não fazia nenhuma distinção entre um menino ter inclinação pelo universo feminino e ser homossexual: ambas as coisas eram consideradas como sendo uma única e só coisa.

Não era diferente da escola o modo como as pessoas da nossa família viam o meu comportamento. Ninguém me enxergava como um menino que simplesmente gostava de coisas consideradas "de menina". Em vez disso, todos pareciam concluir naturalmente, sem nenhum questionamento, que eu era homossexual, apenas em virtude da minha atração pelo mundo feminino.

Minha mãe não conseguia aceitar isso, por não ver nenhuma relação direta entre uma coisa e outra. Não podia concordar de maneira nenhuma que a minha predileção pelo mundo feminino estivesse inexoravelmente vinculada a um desejo de eu me relacionar sexualmente com homens. Tenho certeza que o senhor sabe que nem toda mulher sente atração por homens pelo simples fato de ter nascido fêmea e estar socialmente classificada como mulher.

Creio sinceramente que não teria sido nenhum problema para a minha mãe assumir um filho homossexual. A questão é que ela nunca acreditou que o meu excessivo interesse pelo mundo feminino estivesse única e diretamente relacionado à manifestação de uma possível orientação homossexual minha, como todo mundo acreditava naquela época, exceto, como eu já lhe disse, pesquisadores como Hirschfeld e Havelock Ellis, aos quais, entretanto, não foi dada a devida atenção, fato que eu só vim a saber muito tempo mais tarde, em razão dos meus próprios estudos.

Embora eu fosse um menino para todos os efeitos, no meu íntimo eu sentia e pensava como uma menina. Sempre preferi um vestido florido a uma sisuda calça masculina, um sapato de salto alto a uma chuteira, uma boneca a um carrinho. Na minha infância, por vezes incontáveis, minha mãe me apanhou vestido com suas roupas, calçando os seus sapatos e usando seu batom.

Mesmo que intuitivamente eu buscasse disfarçar o máximo possível todo e qualquer traço de feminilidade no meu comportamento diário, meus colegas percebiam facilmente que eu não era como eles e não agia exatamente como se esperava que um menino agisse. Até as minhas características físicas conspiravam contra a minha tentativa de fazer passar desapercebida a minha feminilidade. O corpo mais franzino, a ausência de pelos corporais, a barba rala e rara, a ausência de pomo de Adão... Enquanto criança, essas características não apareciam tanto, mas, em plena adolescência, o meu próprio corpo passou a mostrar que eu parecia muito pouco com um menino. Talvez por isso mesmo muitos dos meus colegas passaram a me ver como "alguém comestível", se é que o senhor me entende. O problema – para mim, e mais ainda para eles, – é que eu não sentia, nem demonstrava a menor atração por meninos, de forma que quase que diariamente eu tinha que me defender deles, brigando para não ser molestado. Como resultado do intenso bullying que eu sofri na minha infância e adolescência, passei a ter horror de banheiros e vestiários masculinos. Esses fantasmas da minha infância e adolescência me perseguiram até muito recentemente, me assustando cada vez que eu tinha que frequentar um desses lugares.

A adolescência me mostrou algo ainda mais curioso a respeito da minha sexualidade. Apesar de eu estar profundamente identificado com o mundo feminino e querer intensamente ser uma mulher, da mesma forma que eu não sentia nenhuma atração por homens, descobri que eu tinha uma enorme atração sexual por mulheres.

Diante dos parcos conhecimentos da época, e da tendência da medicina, presente ainda hoje, em patologizar tudo que fuja aos dogmas de normalidade instituídos pela vida social, passei a me ver como uma pessoa duplamente doente. Primeiro, por ter nascido macho e me identificar de maneira tão contundente com o mundo feminino. Segundo, por desejar mulheres, quando a "norma" social dizia que eu deveria desejar homens. Eu devia mesmo ser alguém muito doente para agir assim, pensava.

Compelida a viver uma "vida socialmente integrada", coisa que seria absolutamente impossível se eu manifestasse abertamente a minha condição de "doente-dupla", acabei por reprimir e recalcar a expressão do meu eu feminino, tornando-me um homem "normal" para todos os efeitos. Foi assim que conheci, me apaixonei e me casei com uma mulher muito especial, com quem vivo há 42 anos, três filhos e cinco netos.

Eu passava todo o tempo em sobressalto, apavorada com a ideia de que eu era doente e que jamais deveria mostrar ao mundo qualquer traço da minha doença. O senhor não pode imaginar o quanto isso me estressava e me afetava negativamente, sufocando a minha alegria e drenando a minha energia vital. Eu tinha um medo absurdo de "não passar" como homem, medo que muitas vezes se confirmava na prática quando, por exemplo, num restaurante qualquer, um garçom se dirigia a mim e à minha companheira dizendo "As meninas já pediram?".

Apesar das minhas supostas "doenças", que eu mantinha ocultas debaixo de sete chaves, ia fazendo as coisas da melhor maneira que eu conseguia. Tornei-me um consultor respeitado, com muitos clientes e uma ótima reputação no mercado em que eu atuava. Tinha um ótimo relacionamento com minha companheira e via meus filhos crescerem saudáveis, dentro da família acolhedora, estável e bem estruturada que eu tinha construído, junto com minha companheira.

Contudo, de quando em vez, me batiam devastadoras "crises existenciais", que me atiravam no fundo do poço, me deixando completamente sem forças, além de tremendamente irritada com tudo e com todos à minha volta. Quantas vezes minha companheira e meus filhos "pagaram o pato", aguentando um pai aborrecido e mal-humorado, sem conseguir entender que a questão não era com eles, mas com a minha incompetência de assumir publicamente a pessoa que intimamente eu sempre tinha sido. Hoje eu tenho certeza que essa era a forma que o meu organismo encontrava para manifestar sua insatisfação e repúdio com aquela minha vida aparentemente saudável, mas totalmente reprimida e recalcada em relação à essência da minha própria pessoa.

Eu só comecei a descobrir que eu não era doente e a entender quem eu realmente era quando conheci o conceito de gênero. Como eu sei que esse termo nem existia na sua época, Dr. Freud, pelo menos não com o significado e o alcance que ele tem hoje, vou tentar esclarecer brevemente do que ele trata. Gênero foi um conceito surgido dentro do movimento feminista da segunda onda, em que se fazia a separação entre o sexo biológico e o sexo determinado aos indivíduos pela sociedade, na forma de papéis, comportamentos e atributos. Finalmente se reconhecia que o sexo biológico não era capaz, sozinho, de determinar o destino de cada pessoa nesse mundo.

A ideia de gênero havia sido antecipada pela filósofa e escritora Simone de Beauvoir, no seu livro *O segundo sexo*, lançado em 1949, de que "ninguém nasce mulher: aprende a ser", mas levaria ainda mais quase quatro décadas para que o postulado revolucionário de Simone de Beauvoir fosse suficientemente entendido e passasse a ser investigado empiricamente. Isso aconteceu em 1986, quando a historiadora feminista Joan Scott lançou o artigo "Gênero: uma categoria útil de análise histórica", considerado uma das principais referências para o estabelecimento do campo de estudos de gênero.

Beauvoir sempre esteve coberta de razão: ninguém nasce mulher (ou homem), mas aprende a ser. As pessoas nascem macho ou fêmea, isto é, com um sexo biológico, definido pelo órgão genital que trazem entre as pernas e algumas características genitais secundárias. Mas, exclusivamente em função do seu sexo biológico, são classificadas como homem ou como mulher, isto é, como pertencentes ao gênero masculino ou ao gênero feminino. Ao nascer, o macho, que é o indivíduo que possui pênis, é automaticamente classificado como homem, e a fêmea, que é o indivíduo que possui vulva, é automaticamente classificado como mulher. O gênero nada mais é, portanto, do que uma apropriação social do sexo biológico para fins de classificação, hierarquização e controle dos indivíduos.

Essa classificação automática dos indivíduos não passa, contudo, de uma ultrassimplificação do longo processo de aprendizagem social pelo qual cada pessoa deve passar até se tornar homem ou mulher. Embora os defensores de um essencialismo biológico advoguem que indivíduos machos biológicos serão naturalmente homens, assim como fêmeas biológicas serão naturalmente mulheres em função exclusivamente das suas diferenças genitais, não há nenhum fundamento empírico nessa afirmação, uma vez que, sem o concurso decisivo da linguagem e do contato sociopolítico-cultural com grupos de referências, machos e fêmeas biológicos jamais saberão de que se trata ser homem ou ser mulher. Ou seja, o simples fato de uma pessoa nascer com um pênis ou com uma vagina não determina, como tampouco assegura, que ela irá se tornar automaticamente um homem ou uma mulher.

"Anatomia é destino", como o senhor próprio constatou, quero acreditar que em tom de preocupação e desagrado, pois não deveria ser. Trata-se de uma visão precária e simplista admitir que um simples órgão genital possa determinar, definir e orientar todo o comportamento da pessoa nesse mundo, do berço ao túmulo.

Entretanto, é exatamente essa a pretensão do gênero, como ordenador social: ele se vale do sexo biológico dos indivíduos para impor regras de conduta que devem ser seguidas de maneira radical e absoluta por todos. Dessa forma, ser homem ou ser mulher, ao contrário de ser macho ou ser fêmea, não é um determinismo biológico, mas uma simples contingência social. As pessoas são obrigadas a assumir determinados papéis, atributos e responsabilidades sociopolíticas e econômicas em função única e exclusivamente do seu sexo biológico.

Como o senhor já deve estar concluindo, Dr. Freud, eu sou uma prova viva de que machos biológicos não se tornam necessária e automaticamente homens. Levei a maior parte da minha vida para entender isso, tendo que passar por uma carga quase insuportável de angústia e sofrimento por não conseguir me enquadrar "naturalmente" no modelo de homem que a sociedade me obrigava a seguir, com base no meu sexo biológico. Por causa do meu pênis, eu devia ser homem. Mas desde a minha mais tenra idade, meu desejo sempre foi o de ser mulher, a despeito de não ter uma vagina.

Ainda não tenho elementos suficientes para lhe dizer como isso aconteceu e acontece, mas trata-se de um complexo processo de identificação, envolvendo inúmeros fatores, inclusive fatores biológicos que se combinam de modo diferente e absolutamente original em cada indivíduo, resultando num vínculo psíquico da pessoa com uma determinada identidade de gênero. Tal fenômeno seria algo absolutamente natural se a sociedade, com o auxílio de uma medicina positivista-mecanicista, não tivesse estabelecido padrões tão rígidos quanto arbitrários para o enquadramento dos seus membros em duas e somente duas categorias de gênero – homem e mulher ou masculino e feminino – com base exclusivamente no sexo biológico das pessoas, admitindo a existência idealizada de um "corpo certo" para se ser homem e de um "corpo certo" para se ser mulher.

Acontece que não existe "corpo certo" para a vivência de gênero, Dr. Freud. Um macho biológico, como é o meu caso, pode vivenciar perfeitamente o gênero feminino em sua plenitude, uma vez que gênero não é mais do que um discurso normativo da sociedade, consubstanciado num contínuo exercício performático, como nos ensina Judith Butler.

Definitivamente, eu não nasci no corpo errado, Dr. Freud, como tantos "especialistas" muitas vezes tentaram me convencer para, naturalmente, me patologizarem. Eu nasci, sim, na sociedade errada, que classifica como "transgressão" o fato de uma pessoa não se identificar com o modelo artificial e arbitrário de homem e de mulher que ela constrói a seu bel-prazer, e impõe a todas as pessoas como se se tratasse de um determinismo da natureza.

É isso que eu sou, Dr. Freud: uma pessoa transgênera, ou seja, alguém que transgrediu e transgride as normas de enquadramento e conduta de gênero por não se identificar com o modelo de homem que me foi imposto ao nascer em razão do meu sexo biológico de macho. O que a sociedade espera ao fazer esse enquadramento totalmente artificial e arbitrário é que todas as pessoas se tornem naturalmente cisgêneras, isto é, perfeitamente ajustadas e se sentindo confortáveis na categoria de gênero que lhes for atribuída ao nascer em função do seu sexo biológico.

Por ser uma pessoa transgênera, e por nenhuma outra razão, as professoras me olhavam como se eu estivesse descumprindo normas fundamentais da vida escolar. Por ser uma pessoa transgênera, e por nenhuma outra razão, eu sofria bullying dos colegas que me julgavam "diferente" deles e, portanto, passível de punição. Por ser uma pessoa transgênera, e por nenhuma outra razão, eu tive que viver no armário a maior parte da minha vida, me julgando uma pessoa doente por querer ser mulher e por gostar de mulheres. Mas doente é uma sociedade que estabelece regras ridículas para as pessoas se amarem, fazendo vista grossa quando se trata das pessoas "se armarem" até os dentes para expressarem todo tipo de agressividade e violência.

Ser uma pessoa transgênera – e viver reprimindo isso, para não "descumprir" as normas de gênero da sociedade, como tive que fazer a maior parte da minha vida – me levou a ter um enfarte e a ter que lutar, por sete dias numa UTI, pelo direito de continuar viva. Foi lá que fiz um pacto comigo de que, se eu saísse com vida, nunca mais renunciaria de ser a pessoa que eu sempre fui no meu íntimo, e que nunca tive coragem de manifestar ao mundo, temendo as inevitáveis punições e represálias que viriam.

Saí da UTI e cumpri o pacto que fiz comigo de assumir ser quem eu sou. Por causa disso, sofri e ainda sofro muitas das punições e represálias que eu previa, mas aqui estou, feliz e realizada como nunca, escrevendo para o senhor, Dr. Freud, dez anos depois do meu enfarte e muitas décadas depois da carta que o senhor enviou para a minha mãe, onde julgava que eu fosse homossexual.

O curioso da história é que, ainda que por linhas tortas, o senhor acabou acertando como, aliás, sempre fez na maioria dos seus diagnósticos: realmente eu sou uma pessoa homossexual. Mas não um homem homossexual, e sim uma mulher transgênera homossexual, uma trans lésbica.

Espero que o senhor fique satisfeito em saber de mim, depois de tanto tempo.

Finalmente, quero deixar o meu agradecimento por se dispor a me receber para umas sessões de análise no seu consultório em Viena. Teria sido maravilhoso poder contar com a sua preciosa e sábia atenção de psicanalista, exatamente na época em que eu mais precisei de alguém para me acolher e me ouvir.

Mas quero que saiba que, se eu não pude desfrutar da sua companhia de psicanalista, hoje eu sou companhia analítica para muitas pessoas que buscam sua libertação através da psicanálise que o senhor criou e que tanto me ajudou a ser a pessoa que eu sou.

De coração,
Uma filha que um dia foi filho.

P.S.: Essa é uma história real. Sua autora, Letícia Lanz, escritora, pensadora e psicanalista, foi registrada como Geraldo Eustáquio de Souza e só conseguiu fazer sua transição de gênero depois dos 50 anos.

Thamy Ayouch

ONTEM À NOITE TIVE UM SONHO

Paris, 16 de setembro de 2018

Caro Dr. Freud,

Ontem recebi a sua carta. Inesperada, intempestiva, extraviada. Num envelope marrom. Encontrei-a tarde, quando desci para vistoriar a minha caixa de correio à meia-noite. Gosto de receber notícias no umbral da noite, naquela passagem das horas quando as realidades ficam menos certas, e é possível fantasiar um correio postal além das cartas do banco e das contas. A sua carta me esperava – ou talvez a esperasse eu. Foi um encontro. Ainda que não me fosse endereçada – mas não tinha chegado ao meu endereço?... –, não resisti à tentação de abri-la. Manuseei nervosamente e li de uma vez, saboreando a forma com que você tinha antecipado e já respondido a tanto disparate por ser escrito, esbravejado e inapelavelmente sentenciado em seu nome. Li de novo três vezes, respirei devaneando, e fechei.

Voltei ao artigo atrasado cuja escrita eu não deixava de postergar. Duas frases mais, redigir e apagá-las de novo, lembrar a ideia-chave e discordar dela, abrir Facebook para obter coragem, recordar o tempo perdido em vão lendo comentários esbanjados, ver a foto de uma colega beijando sofregamente uma criatura ao ponto de se debulhar em prantos enquanto se debate no colo dela, "A minha neta Fulaninha.

Criança é a maravilha da vida", ficar perplexo, lembrar o "futurismo reprodutivo" de Lee Edelman, o imperativo de o político ser modelado pela fantasia da criança e a resistência da "sintomossexualidade", voltar de novo ao artigo, lutar e se esforçar, mudar de ângulo, escrever novas ideias e achá-las ineptas, aguentar meia hora a mais, e... decidir ir para a cama. Mas você não conhece nem Facebook, nem Edelmann, nem a colega da qual falo, nem a neta que saracoteava. Come te explicar?... Facebook é um dispositivo que eleva à dignidade ministerial qualquer tolice que você fizer, compartilhando-a com amigos e amigas que talvez você nunca tenha se encontrado, e que se reservam o direito de comentar a sua vida porque sempre sabem melhor do que você. Edelmann e a minha colega se destripariam, pela maior excitação da neta, se eu os caracterizasse mais, melhor não falar.

Caro Dr. Freud, ontem à noite tive um sonho. Dormia e desdormia, o meu corpo vagueava além da cama e aquém do sono. Como a maioria dos sonhos que recordo, este era esquisito. Sonhei que discutia com um homem que conhecia. Será aquele colega da universidade onde ensinava antes? Mas a figura do meu sonho tinha olhos mais claros, e cabelos encaracolados. E lentamente, meticulosamente, ele me falava e se aproximava de mim, para deitar a boca dele em meu pescoço. Fiquei perplexo. Fui procurar inspiração no banheiro, que se abria sobre um jardim, onde outra colega me esperava, com duas crianças gêmeas no colo. "Tenho que ir lá resolver um assunto, segure elas para mim, por favor. Mas só empresto para você, não são suas filhas". E assim começou uma longa viagem, com as crianças no meu colo, uma boca de cada lado do meu pescoço, presença tenra, quieta e confiante. Incumbia-me cuidar delas. Responsável. Dar-lhes um banho: ia procurando uma bacia e me perguntando como se dizia "bassine" em português. Uma moça jovem, à qual expliquei que eu era o pai só provisoriamente, me disse que o "Dr. Rossini", aquele meu colega na universidade, tinha bacias portáteis, muito práticas para viagem, e me deu dois envelopes grandes marrons. "É só recortá-los, enchê-los com água, e colocar as bebês dentro para dar-lhes um banho".

Acordei desnorteado. E não voltei a adormecer. Nunca quis ter filhos. Nem com parceiras, nem com parceiros. É que agora é possível na França, caro Dr. Freud: legalizaram o casamento igualitário e a adoção homoparental há cinco anos. Talvez você não tenha sido informado, neste último século, a homossexualidade passou por várias sentenças, ora criminalizada, ora despenalizada, ora gloriosamente vinculada à legalidade da família, ou, para o maior prazer das empresas, à rentabilidade do consumo. Vários terremotos agitaram as sociedades para que elas mudassem as suas normas relacionais, ideológicas, narcísicas. Os homossexuais, como os judeus, saíram dos guetos, sem terem que "se assimilar" apagando as suas diferenças. Mudanças. Mas com resistências vociferantes e cheias de respeitabilidade. O que você teria dito do último alvoroço que fizeram aqui vários psicanalistas a este respeito?... Eu queria tanto, tanto que você estivesse presente para testemunhar isso! Alguns deles e delas decretavam que era impossível criar crianças fora da famosa "diferença sexual", não só simbólica, mas encarnada: pais do mesmo sexo constituiriam uma catástrofe psíquica, derrubariam os fundamentos antropológicos da aliança e da filiação, e produziriam "crianças simbolicamente modificadas". Outros pensaram que seria uma confusão patogênica para "os nossos filhos", que o "casamento" significasse, ao mesmo tempo, "união de pessoas de sexo diferente" e "união de pessoas do mesmo sexo", ou que o código civil evocasse dois pais, ou duas mães, uma só das quais "deu à luz" (preferivelmente na dor...).

Caro Dr. Freud, esses psicanalistas pretendiam se apoiar, absurdamente, nos seus textos. Pode acreditar?! Foram desenvolvendo vários diagnósticos inapeláveis sobre "a homossexualidade": narcisismo patológico, imaturidade libidinal, pré-genitalidade e atraso do desenvolvimento, fracasso da interiorização da diferença dos sexos, perversão, irresolução do Édipo, ressentimento de se ter "desistido", e as dez pragas do Egito. Essas certezas sobre a diferença sexual não seriam reivindicadas só quando aparecem na sociedade tentativas de reelaborar os vínculos entre sujeitos, e repensar os laços de filiação e aliança? E no último século, esses laços mudaram, consideravelmente.

Você não imaginaria – ou sim, talvez você pudesse imaginar muito bem – as múltiplas configurações de escolha de objeto, de identificação de gênero, de fluidez, as possibilidades de subjetivação e relacionamento que floresceram, ou se visibilizaram, além do empobrecimento institucional do ser e do amar. E em alguns países, inclusive foram reconhecidas.

Caro Dr. Freud, poderíamos discutir em detalhe vários dos seus textos, as suas hipóteses plurais e o constante questionamento das suas próprias posições. Porque, sejamos honestos, você nunca desistiu de um movimento pendular, oscilando entre posturas revolucionárias que rompiam com o seu contexto epistemológico e retrocessos inevitáveis que inscreviam o seu discurso nas formações discursivas do seu tempo. Para nada lhe esconder, confesso que desgosto dessa sua época hierática quando homens brancos burgueses enrijecidos em barbas inexoráveis e certidões peludas pretendiam acorrentar a realidade, e reinventá-la quando não correspondia às suas fantasias teóricas. Mas você não deixou de repetir a frase daquele prestidigitador francês, "La théorie, c'est bon, mais ça n'empêche pas d'exister!". Porém, poucos/as aceitaram a plurivocidade do seu discurso, a dúvida constante e a interrogação viva que você instilou à psicanálise. Ao contrário, temos presenciado o espetáculo de psicanalistas que ainda pretendem determinar de forma terminante as condições do desenvolvimento psíquico normal ligando-as a estruturas familiares que prevaleceram de forma contingente num momento e numa área definidos.

Mas me diga, caro Dr. Freud, se a psicanálise nasceu na sua Viena engomada (e, porém, tão desatinada) do final do século XIX, como ela faz para prosseguir em lugares e épocas diferentes? E por que, se o fundamento do pensamento psicanalítico é sempre analisar de onde se fala, se escuta, se psicanalisa, se fantasia e se pensa, por que tantos/as psicanalistas, em seu nome, recusam qualquer mudança que estorve o agasalho soporífero do pensamento deles/as? Por que contraem icterícias ante quaisquer novas questões sociais que implicam novas escutas, novas desconstruções, e novas análises da contratransferência? Por que eles/as castigam qualquer atalho às suas tediosas avenidas da boa vida com vereditos deuterenômicos e maldições até a sétima geração? Acaso será a psicanálise uma polícia das nossas formas de interpretar comédias sociais, amar e transar? Me responda, caro Dr. Freud, não fique silencioso, por gentileza, não estamos numa sessão. Acaso você teria aprovado esse bom tom tépido, essa frouxidão do sonhar, essa glaciação do sentir, e essa melancolização do pensar?

O mais triste é que vários/as destes/as psicanalistas desconsideraram a dimensão fundamentalmente política da psicanálise: a inscrição do sujeito com o qual lidamos num contexto social, cultural e histórico coletivo que vai mudando de época e lugar, e os efeitos irredutivelmente sociais da prática e da teorização psicanalíticas. Mas você não desconheceu essa dimensão, já que participou da militância política para descriminalizar a homossexualidade. Contudo, evitando ir de mal a pior, você nunca a patologizou. Você se posicionou explicitamente tanto contra os juízes honoráveis da moral social quanto contra os bondosos psiquiatras e sexólogos. Mas será que sou vítima da minha má memória e vigorosa aspiração? Me ajude, Dr. Freud, foi assim, né? Se você assinou uma petição que reclamava a revisão do código penal e a supressão do delito de homossexualidade entre adultos consentidores, você também se opôs claramente a Ernest Jones e à sua própria filha quando recusaram que pessoas homossexuais se tornassem psicanalistas, não é? Pois acredite, essa regra tácita ainda segue valendo em várias escolas psicanalíticas!...

Caro Dr. Freud, a condenação patologizante e a o adestramento "terapêutico" que você recusou explodiram, ao longo do século passado e inclusive deste: uma psicanálise de retaguarda pretendeu recordar a Lei a uma sociedade que acabou mudando as leis sem ela. As transformações legais atuais indicam que a questão das homossexualidades, ou, mais globalmente, das diversidades de gênero e de sexualidade, foi dissolvida no espaço público, em vez de ser "resolvida" nos consultórios psicanalíticos. E sem os/as psicanalistas!... Pois é! Se a homossexualidade saiu das classificações médicas, não se deveu a uma mudança ilustrada e sábia das convicções de psiquiatras, nem à corajosa onda de protesto de psicanalistas, cavaleiros de armadura brilhante titilando o dragão do conservantismo, mas sim à pressão social e aos protestos militantes de "homossexuais".

"Homossexuais"? Aguarde um momento, caro Dr. Freud. Na verdade, homossexuais já não existem. Fora da prosa psiquiátrica que você não teve nenhum escrúpulo em burlar – admita, por piedade! – não faz sentido falar de homossexualidade e heterossexualidade como "identidades". Hoje proliferam "bichas místicas, fantasiadores, *drag queens* e *drag kings*, clones, couros, mulheres em smoking, mulheres feministas ou homens feministas, masturbadores, loucas, divas, *snap*! Viris submissos, mitômanas, *wannabe*, veados, sapatonas, homens que se definem como lésbicas, lésbicas que transam com homens",[1] hoje abundam *queers*, e reinvenções de alianças e filiações, e tantas outras possibilidades. Lembra do alegre cortejo de criaturas fantásticas que você descrevia na sua conferência sobre a vida sexual de 1916? Aquele séquito de seres fabulosos, hidras e quimeras e progênitos de um fazer ainda mais rápido do que a imaginação. Você comentava: "Indignação, expressão de nossa repugnância pessoal e garantia de que nós próprios não compartilhamos de semelhantes sensualidades, obviamente não proporcionarão qualquer ajuda [...] Seria fácil refutar alguém que negasse sua importância, propondo evasivamente que, afinal, isso são somente raridades e curiosidades. Pelo contrário, estamos tratando de fenômenos muito comuns e difundidos". Pois é, caro Dr. Freud, hoje se difundiram ainda mais, se banalizaram, se reinventaram. Hoje, outros contextos culturais vão confirmando que esta figura ocidental da "homossexualidade", dos gays e das lésbicas, nem sequer corresponde aos ajustes plurais dos relacionamentos e das identificações do mundo não ocidental, por mais que desagrade a movimentos de "libertação" internacional dos/as homossexuais,

[1] SEDGWICK, E. Kosofsky. Construire des significations queer. In: ERIBON, D. *Les Études gay et lesbiennes*. Paris: Éditions du Centre Georges Pompidou, 1998, p 112.

que se revelam imperialistas ao desconhecer configurações de gênero e sexualidades que não são as hegemônicas.

Caro Dr. Freud, gastei parte da minha agitação especulativa – e pomposamente acadêmica – tentando responder a essa psicanálise retrógrada, tentando abrasar a criatividade da psicanálise e inflamar a sua renovação – na qual eu jogava encarniçadamente a minha própria salvação! Escrevi. Textos, palestras, artigos, livros, e outras tantas cartas de despeito e amor endereçadas à psicanálise. Coloquei-as em envelopes marrons, algumas chegaram ao destino, outras se perderam no correio. Minhas crianças foram de palavras e papel, de ideias e tinta, de interlocuções e escritas. Talvez seja tempo de acrescentar um pouco de água e dar-lhes um banho!

Caro Dr. Freud, desculpe esta carta interminável, e provavelmente ridícula, talvez porque, como dizia o poeta, "todas as cartas de amor são ridículas", e, como se fala num dos meus países, "quand on aime, on ne compte pas!".

Por último, caro Dr. Freud, assumindo o risco de lhe atribuir palavras e papel, tinta e ideias, interlocuções e escritas que talvez nunca tenham sido seus, ontem, sonhei que "a homossexualidade" simplesmente não é uma questão psicanalítica. Mas foi um sonho, talvez um devaneio meu, a figuração de um desejo realizado.

Avec mon amical souvenir,
Thamy

Marco Antonio Coutinho Jorge

NADA ESTÁ DEFINITIVAMENTE CONQUISTADO

Rio de Janeiro, 11 de setembro de 2018

Caríssimo Professor Doutor Sigmund Freud,

Por obra de um editor engenhoso, acabo de receber uma carta sua, escrita muitos anos antes de meu nascimento, mas que chega até minhas mãos com tanta pertinência que só posso considerar que de fato ela tem a mim como destinatário.

Primeiro porque desde os 16 anos leio sua obra com interesse continuamente renovado e a atração que ela de imediato produziu em mim me levou a estudar medicina para depois seguir o caminho da psicanálise. Na época, nos anos 1970, o curso médico era uma exigência para alguém se tornar psicanalista e hoje percebo claramente que segui esse percurso com entusiasmo sabendo que, ao final dele, me encontraria em sua companhia, não sem antes especializar-me em psiquiatria. Meus pais aspiravam que eu seguisse a carreira médica e, por esse viés indireto, essa restrição – que contrariou o seu desejo expresso de que a prática da psicanálise não ficasse restrita ao exercício da medicina – realizou o objetivo salutar de conciliar o desejo deles com o meu.

Como comecei a ler sua obra tão precocemente, decerto o senhor me acharia interessado nas raízes desse desejo. Não sei exatamente, lhe responderia. Mas não será porque algo em sua obra se dirigiu a mim como esta carta que agora recebo de forma inesperada? De todo modo, como o senhor não poderá ler esta minha correspondência, devo me conformar com o fato de que escrevo para aquele que internalizei e com quem dialogo com frequência. Tal forma de diálogo interior foi também um aprendizado que o senhor transmitiu. Imagino como devam ter sido difíceis e penosos os longos diálogos que deve ter travado consigo mesmo para criar cada uma das etapas mais cruciais da teoria psicanalítica.

De fato, me lembro bem de que a primeira obra sua que estudei atentamente foi o ensaio sobre Leonardo da Vinci, mencionado na sua carta, e que foi o primeiro volume publicado na então nova e bela edição de suas *Obras Completas* pela editora Imago, em agosto de 1970 e que ganhei de meu pai de presente. Jamais esquecerei a cena em que eu estava lendo este volume recém-publicado no auditório do anatômico da Faculdade de Medicina, quando uma colega, vendo o que eu lia, comentou: "Você está lendo Freud? Freud já era, agora tem-se que ler Reich!".

Mas minha leitura não foi influenciada pela moda, havia algo em seus livros que era de fato como uma carta dirigida a mim. Mas não é justo me considerar tão privilegiado assim: sua obra como um todo parece ter a característica principal de encontrar destinatários continuamente há mais de um século. Creio que sua obra pode ser lida como uma longa carta dirigida à humanidade sofredora e que desconhece tanto a si mesma.

Durante todos esses anos, tenho me esmerado em aprofundar a minha compreensão de seus conceitos fundamentais, de escrever sobre ela e transmiti-la a meus alunos e apoiar-me nela para conduzir o tratamento de meus pacientes. Sempre tive a plena noção de que sua obra, tal como a melhor medicina, ajudou a salvar muitas vidas. Certamente por isso, um de seus mais ilustres seguidores, o francês Jacques Lacan, de quem o senhor recebeu certo dia de 1932 a tese de psiquiatria sobre paranoia, tenha afirmado que a psicanálise, sua criação, é "a última flor da medicina".

Sempre nutri intimamente uma ligação profunda com sua pessoa, por mais estranho que isso possa parecer. Mas quando me dou conta de que, entre os três analistas que tive ao longo dos anos, dois deles fizeram análise com Lacan (assim como dois supervisores), que fez análise com Rudolph Loewenstein, que se analisou com Hanns Sachs, que se analisou com o senhor – tenho a sensação prazerosa de ter recebido de cada um deles um pouco do seu espírito. E sua presença junto a mim é mais do que evidente! Reforcei essa sensação lendo todas as suas biografias, grande número de suas cartas, valorizando sua vida e sua obra como algo imprescindível.

Como eu gostaria que o tempo da vida real fosse como o do inconsciente e eu pudesse aproveitar essa oportunidade para lhe perguntar se, hoje, depois de mais de um século de experiência psicanalítica, o senhor continuaria achando que a homossexualidade é uma parada no desenvolvimento, que o senhor propõe logo no primeiro parágrafo a essa mãe angustiada com "o amor que não ousa dizer seu nome" de seu filho. E poderia até mesmo opor o senhor a si mesmo perguntando-lhe: como conciliar sua ideia de que há uma bissexualidade estrutural que legitima inteiramente a escolha de objeto homossexual com a da parada no desenvolvimento? Ou mesmo como conciliar a noção onipresente em sua obra de homossexualidade latente e manifesta com a da parada de desenvolvimento? A homossexualidade latente estaria relacionada a essa parada de que modo? E como conciliar a ideia de que entre os maiores homens encontramos muitos homossexuais com essa ideia da parada?

O senhor não pôde vir saber, tendo morrido antes disso, mas é claro que sua contribuição para os assuntos relacionados com a sexualidade atravessou o século XX e permitiu que a partir dos anos 1960 uma verdadeira subversão tenha se produzido nos costumes e advindo o "amor livre". De lá para cá, sua influência se mostrou cabal, embora muitas pessoas não se deem conta de que a revolução sexual deve quase tudo ao senhor, que foi o primeiro a decompor a moral burguesa e a hipocrisia a ela subjacente com seus conceitos de pulsão e de inconsciente. A angústia dessa mãe para quem escreveu, respondendo a um pedido de ajuda, está viva hoje em muitas mães e essa carta precisa ser enviada a cada uma delas. Entendo que tal responsabilidade cabe a nós agora, que sustentamos a verdade que descobriu.

O senhor não teve conhecimento do que ocorreu após sua morte no que diz respeito à questão da sexualidade. Imbuídos pela moral vigente e por valores que contradizem frontalmente suas concepções, os psicanalistas passaram a traduzir seu conceito de *Trieb* por instinto e, assim, negaram sua mais essencial contribuição à compreensão da sexualidade humana e a tornaram idêntica à atividade sexual dos animais, isto é, cooptada pelo objetivo biológico da reprodução. É claro que pensando desse modo, a consequência mais brutal que adveio foi a patologização da homossexualidade.

Quanto equívoco! Quantas análises tiveram seu curso desviado! Quanta infelicidade foi distribuída por esses analistas ignorantes da psicanálise! Quantos jovens em grave sofrimento tiveram que fugir de seus "analistas" que queriam adaptá-los à ideologia heteronormativa deles. Quantos homossexuais não puderam – por obra de "analistas" que não lhes ofereceram análise, mas sim psicoterapias com objetivo de conversão – encontrar a harmonia, a paz de espírito, a eficiência total de que o senhor fala com toda razão que a análise pode conquistar.

O primeiro psicanalista a chamar atenção para esse erro crasso – mas sobejamente motivado – foi o mesmo francês acima mencionado, que, ano após ano, releu sua obra e incentivou os analistas a fazerem o mesmo. O senhor teria ficado satisfeito em ver como foi naquela mesma cidade onde o senhor entrou pela primeira vez em contato com a clínica da histeria, através de seu mestre Charcot, que um psiquiatra ousado deu novíssimo impulso à psicanálise em todo o mundo.

O senhor não pôde ver que Sandor Rado, apenas um ano após sua morte, um psicanalista que fora inicialmente seu discípulo fanático, escreveu um artigo em que demolia de modo inteiramente injustificável sua teoria. (Vê-se que, como o senhor mesmo afirmara certa vez, uma adesão muito rápida e não elaborada às teses psicanalíticas pode esconder no fundo uma poderosa resistência a elas.) Seguido por muitos, ele fez um enorme desserviço à subversão que sua obra propôs desde o início no tocante à sexualidade, e destituindo a bissexualidade de seu valor estrutural, a consequência imediata foi a patologização da homossexualidade. Tal veredito chegou ao cúmulo de implicar na interdição, feita pela associação internacional que o senhor fundou em 1909, da prática da psicanálise por homossexuais!

Contudo, o senhor exultaria em saber que, a partir dos anos 1960, a sociedade ocidental foi convulsionada por uma revolução dos modos, em grande parte acionada por sua obra que se espraiara em toda parte: os homossexuais passaram a reivindicar o reconhecimento da legitimidade de sua escolha de objeto sexual. O movimento de liberação sexual originado nessa época não cessou de produzir efeitos e cresce continuamente.

Como o senhor mesmo previra de modo clarividente bem ao final dos seus *Três ensaios sobre a teoria da sexualidade*, muitas pessoas passaram cada vez mais a manifestar sua homossexualidade na vida cotidiana, a ponto de hoje terem conseguido os mesmos direitos civis e reconhecimento do Estado sobre suas relações. Mas a homofobia – termo que não conheceu, embora tenha tratado disso continuamente – prossegue fazendo seu trabalho de buscar homogeneizar a sexualidade à atividade sexual animal.

Ainda há mães e pais que, hoje, 2018, deixam de falar com seus filhos quando descobrem sua homossexualidade e os submetem a enorme violência psicológica; que expulsam seus adolescentes de seu lar e levam-nos a um desespero muitas vezes suicida. Os ataques agressivos de certos segmentos da sociedade a homossexuais prosseguem; estupros coletivos de mulheres lésbicas visam corrigir seu comportamento. Há países em que homossexuais são jogados de cabeça para baixo do alto de um edifício, em horrendos espetáculos que são, no entanto, apreciados e aplaudidos sadicamente por centenas de pessoas e mesmo de familiares do executado. Em vários lugares do mundo, surgem as propostas de "curas gay", movidas por uma moral religiosa abjeta, incongruente e hipócrita – quando se sabe que, no ambiente religioso, a separação dos sexos funciona como um convite explícito à homossexualidade.

Infelizmente, tenho que lhe dar uma notícia escabrosa: atualmente, a negação da homossexualidade assumiu uma forma hipersofisticada: a transexualidade, termo do qual o senhor também nunca havia tido conhecimento.

Alguns homossexuais são incentivados pelo trabalho dos meios de comunicação atuais e conduzidos, especialmente por sua própria homofobia internalizada, a buscar uma mudança de sexo e do próprio corpo para apaziguar angústias e aliviar inibições. Eles buscam se adaptar à regra heterocisnormativa da sociedade para reduzir o desconforto consigo mesmos. É claro que alterações corporais irreversíveis podem trazer mais problemas do que soluções!

Mas quem ousa falar sobre isso não é escutado ou é severamente criticado, sendo considerado ultraconservador. Essas questões estão em estudo, mas há uma forte hipótese circulando sobre o caráter histérico dessas mudanças que, movidas pela insatisfação em relação à própria sexualidade, se dirigem à ciência que promete mundos e fundos nesse setor: hormônios, cirurgias etc. são os emblemas da bandeira científica para a qual tudo parece possível. Os histéricos e as histéricas, o senhor mesmo mostrou, se voltam para o discurso dominante de sua época, e se na Idade Média a Igreja os recebeu com o exorcismo que expulsava o demônio que os possuía, hoje a ciência fomenta também delirantemente as alterações corporais.

A coisa ficou grave quando os ditos "especialistas" no assunto chegaram nesse momento nos Estados Unidos a um debate em torno de uma questão absolutamente sórdida e repugnante – qual será a idade mais adequada para se diagnosticar a transexualidade infantil: 2, 3 ou 4 anos? Se os pais não querem filhos homossexuais, na dependência da observação do comportamento condizente com aquele supostamente adequado ao sexo oposto, a transexualidade se evidencia para eles como provável e é corroborada pelos "especialistas". O Estado repressivo e homofóbico aderiu rapidamente à "solução médica": no Irã, os homossexuais estão sendo conduzidos compulsoriamente a cirurgias de transgenitalização. Há infelizmente psicanalistas caindo nessa mesma armadilha pseudovanguardista e aderindo a um verdadeiro modismo, execrável sobretudo por não respeitar os movimentos complexos e singulares das identificações de uma criança.

Sua carta tão singela, professor, chegou – como toda carta – a seu destino. Eu já a tinha recebido sob a forma de sua obra e já havia me imbuído do propósito de reenviá-la a bastante gente. Sinto muito ter que admitir, queridíssimo professor, que nada está definitivamente conquistado nesse âmbito. Temos que recomeçar a cada dia a escrita de novas cartas marcadas com sua letra e atravessadas por seu espírito único. Tudo é feito por nós, com muita alegria – não é esse o significado de seu nome em alemão: *freude*?

Marco Antonio Coutinho Jorge

Lucas Charafeddine Bulamah

O PRECONCEITO ERA A REGRA NO DISCURSO DE QUASE TODOS OS PSICANALISTAS

São Paulo, 29 de agosto de 2018

Caro Professor Freud,

Recebo sua carta com surpresa e entusiasmo, e com ambos também lhe escrevo uma resposta. Claramente escrita para consolar uma mãe que buscava na psicanálise uma "cura" para seu filho gay, depois de mais de oitenta anos ela segue muito atual, e por um monte de razões.

Essas linhas, escritas em 9 de abril de 1935, circularam nas "redes sociais" por aqui, nas terras em que sua invenção frutificou bastante. O debate era a tal da "cura gay", essa aberração moral que, em nome de sei lá que diabos, volta e meia retorna e insiste em autorizar alguns "profissionais" a converterem aqueles que desejam pessoas do "mesmo sexo" a desejarem pessoas do "sexo oposto". Esse monte de aspas eu coloco inclusive em sua homenagem, caro Freud, porque depois que o senhor, mesmo que indiretamente, sugeriu que o que chamamos de homem, mulher, hétero e homossexual são convenções sociais que não encontram respaldo no inconsciente, tudo isso ficou muito confuso. Eu diria inclusive que tudo poderia ter ficado até melhor se tivéssemos de fato compreendido que ninguém é isso ou aquilo, que os caminhos para o prazer sexual são, a princípio, no mínimo bissexuais. Pelo menos teríamos menos chances de ficar sozinhos nas noites de sábado.

O que todos que espalharam sua carta queriam era mostrar o quanto o senhor – e, portanto, nós, que nos dizemos psicanalistas e estamos transferencialmente ligados ao senhor – era progressista e bastante vanguardista desde muito cedo (1905 pelo menos, mas certamente antes disso). Mesmo que o senhor não tenha querido ser vanguardista pelo bem da moral, mas pelo bem da ciência e do avanço no estudo da sexualidade, o senhor vê como anda o sabor dos tempos hoje. Acho bem cafona essa ideia de ter que retornar sempre à palavra do mestre para legitimar posições que são, ou deveriam ser, pessoais, mas é assim que se faz e foi assim que se fez durante esses mais de cem anos de psicanálise. E é sobre isso que vou comentar um pouquinho aqui.

Sua missiva é cheia de motivos para crer que a homossexualidade não seja nenhum mal ou vício a ser extirpado, que não deve ser criminalizada ou constituir algo que se envergonhe e que as vozes a favor disso é que, na realidade, são criminosas. Não foi à toa que a destinatária da carta, catorze anos depois de tê-la recebido entregou-a para o professor Alfred Kinsey. Ele era um pioneiro norte-americano não só no estudo da sexualidade masculina e feminina, mas na produção de um argumento estatístico então muito forte dizendo que um monte de gente, em sua intimidade, faz ou já fez um ou outro tipo de safadeza que não se conformava à normalidade lá na terra dele. Vou voltar a isso logo mais, mas a propósito: a destinatária, "uma Mãe Grata", se referiu ao senhor como "um Grande e Bom homem", em caixa-alta assim mesmo.

O que eu não queria deixar de te dizer é que quase todo mundo que reproduzia sua carta nas redes sociais parece não ter percebido que, bem no finalzinho de seu argumento contrário ao rebaixamento da homossexualidade, o senhor escreve que ela pode ser considerada "uma variação da função sexual produzida por certo bloqueio no desenvolvimento sexual". Em algumas outras traduções, em vez de “bloqueio”, lê-se “repressão”, o que é teoricamente mais viável – apesar de meio simplista –, no sentido de que se uma direção é privilegiada em detrimento de outra, dado que somos todos bissexuais, há repressão desta outra. Mas de qualquer modo, no inglês está *arrest*, que acredito ser uma palavra que não tem respaldo conceitual na sua teorização. O fato é que é difícil não coçar a cabeça quando acompanhamos o senhor ao dizer que a homossexualidade não é uma doença, degradação ou vício, mas de repente sinaliza ser algo como uma sexualidade coxa, fruto de um tropeço no caminho para algum tipo de norte. Imagino que a sexualidade genital reprodutiva seja esse norte, é isso?

Não sei se o senhor continuaria concordando com esse tipo de teleologia desenvolvimentista, mas queria te dizer que seus herdeiros foram muito mais além nesse sentido. Talvez estas efemérides te aborreçam no sono eterno, mas aconteceu de um então talentoso conhecido seu, Sandor Rado, emigrar para os Estados Unidos após os horrores da Segunda Grande Guerra e tornar-se um influente psicanalista por lá. Ele propôs, bem ao sabor da época e geografia, que a teoria originária era uma bobagem e que todos nós somos, quando normais, heterossexuais. O resto seria doença. Muita gente falava coisas parecidas na época, inclusive atacando, como Rado, alguns pilares fundacionais da psicanálise. A particularidade de Rado é que seu gesto “viralizou”, como se diz hoje, em um contexto em que a psicanálise se tornava quase indistinguível da psiquiatria, espalhando por todo o território norte-americano a popularidade de sua criação – distorcida, eu sei – e tornando-se, dado seu poder, globalmente influente.

A publicação dos estudos de Kinsey evidentemente despertariam horror a uma sociedade tão quadrada. Mas quem mais se opôs a seus estudos, e estridentemente, foram os psicanalistas. Kinsey entrevistou, nos anos 1950, mais de 10.000 homens que, anônimos, diziam sobre suas práticas sexuais presentes e passadas gerando uma estatística de que 37% dos homens já tinham vivido pelo menos uma experiência homossexual na vida. Há problemas metodológicos na pesquisa, mas a força que essa proporção deu ao nascente movimento gay e, especialmente, a reação odiosa dos psicanalistas têm uma importância histórica incontestável.

Talvez o senhor de fato não se surpreendesse com a homofobia dos norte-americanos (diga-se de passagem, aqueles que acreditavam que a homossexualidade é uma variação sexual ubíqua e quem a recalca e que se ferra teve que ficar quieto). No final de sua carta, o senhor diz à mãe que: primeiro, era norte-americana, para que: segundo, caso ela quisesse levar o filho à análise que fosse ser contigo, em Viena e terceiro: sendo que o senhor já estava com 79 anos. E quarto e talvez mais importante: o senhor já tinha analisado dezenas de pessoas que retornaram ou emigraram aos Estados Unidos para serem analistas, didatas inclusive, eles próprios. Suspeito que o senhor já soubesse o quanto a sociedade norte-americana e também os psicanalistas de lá tendiam a ser conservadores e moralistas em assuntos de sexo.

O preconceito, porém, era a regra no discurso de quase todos os psicanalistas. Suponho, e a suposição me parece hoje um tanto óbvia, que a ausência de psicanalistas abertamente gays e formados pelas Sociedades tenha dificultado bastante a mudança nesse quadro. Foi só recentemente, há não muito mais que trinta anos, que essa atitude começou a mudar, especialmente quando o movimento gay começou a denunciar que candidatos à formação ou eram barrados quando diziam que eram gays ou escondiam seus desejos durante a análise didática e por vezes até quando eles mesmos se tornavam didatas.

Por isso queria dizer, antes de me despedir, que sabemos hoje que o senhor ativamente se opunha à exclusão desses candidatos das primeiras Sociedades Psicanalíticas. Lemos algumas de suas cartas, e vimos que alguns psicanalistas queriam mesmo fechar as Sociedades a todo mundo que fosse "anormal", especialmente Ernest Jones. Lemos as broncas, mesmo que elegantes, que o senhor e Otto Rank deram nele, e também em Abraham, Sachs e Eitingon, em 1921. Mas, mesmo assim, da mesma forma que o senhor não queria a psicanálise restrita a candidatos e analistas médicos, durante décadas após sua morte, sua criação apoiou-se na medicina e no apelo do *status quo* para ocupar uma posição poderosa no imaginário social. Especialmente nos Estados Unidos, sim, mas não apenas. A proibição de candidatos gays foi um dos sintomas disso.

Não sei se te animaria, mas há de se dizer que isso mudou bastante desde que eu mesmo comecei a me tornar analista. Também não sei se o senhor ficaria contente se soubesse que a maioria de meus colegas e professores não passou por uma Sociedade ligada à IPA, mas em lugares que debater o preconceito é mais interessante e urgente que a normalidade dessa ou daquela prática sexual. Mas talvez nada te desanime mais que saber que continuamos bastante neuróticos, colocando tabus e moralismos excessivos sobre o sexo, do qual ainda se fala muito e, pelo jeito, faz-se muito pouco.

Com o amor e a admiração de sempre,
Lucas Charafeddine Bulamah

Acyr Maya

PRECISAMOS FALAR SOBRE A HOMOFOBIA

Rio de Janeiro, Brasil, 22 de setembro de 2018
(83 anos depois da sua carta)

Querido Freud,

Precisamos falar sobre a homofobia. A homossexualidade permanece perturbando o sono da humanidade.

Homofobia... termo novo que não existia na sua época, embora você já tivesse observado que a restrição social atua como o principal fator para a exclusão de tendências homossexuais em um grande número de pessoas.

Veja o caso dessa jovem de 14 anos. Ela é aluna de uma escola municipal do Rio de Janeiro. A diretora da escola acionou o Conselho Tutelar devido ter constatado uma situação de perigo à integridade física da menor, por parte de sua mãe. Entendo que a felicidade das mães é verem a felicidade dos filhos. Mas nessa família não é assim. O Conselho, por sua vez, requisitou nosso serviço de Psicologia no posto de saúde da rede. Marquei atendimento para ouvir a jovem e seus familiares. Antes, fui surpreendido ao ler o relatório que a escola fez para o Conselheiro Tutelar, que transcrevo a seguir.

"A aluna foi transferida, na data de hoje, para outra escola, a pedido da sua responsável. O motivo da transferência, segundo a mãe, foi o fato de que nessa unidade escolar existem pessoas de orientações sexuais diferentes da sua e a responsável não quer que a filha tenha proximidade com 'viado' e 'sapatão'.

A mãe chegou bastante nervosa à unidade escolar solicitando uma reunião com a mãe de outra aluna, que o assunto era de extrema urgência e muito sério. Não entendemos o pedido e por isso não solicitamos a presença da outra responsável, pois não seria prudente de nossa parte como escola. Precisávamos de mais detalhes para avaliar a necessidade. A mãe iniciou seu relato muito chorosa e impaciente solicitando que a transferência da aluna fosse efetivada o mais rápido possível, pois sua filha não permaneceria como nossa aluna por nem mais um dia. Respeitando a vontade da responsável perguntamos sobre o endereço atual da família. Fornecemos então duas opções de escola para que a mãe fosse realizar a matrícula. Espantou-nos o questionamento da mãe: 'Nestas escolas tem viado e sapatão?'. Ainda atônitos com a pergunta e contrariados, respondemos que sim e que nas referidas escolas há pessoas de todos os tipos, porque tais unidades escolares estão contidas no planeta Terra e em função disso, como em todos os lugares, existe a diversidade. No mesmo momento, ela respondeu que desta forma, não matricularia a aluna em escola alguma, que trancaria a matrícula da adolescente e a manteria em cárcere privado, pois na semana passada, a mãe surpreendeu a filha beijando a boca de outra aluna. Prontamente respondemos que de modo algum ela poderia fazer isso, pois estamos cuidando da escolarização de uma menor de idade.

Explicamos sobre os artigos do Estatuto da Criança e do Adolescente que tratam sobre essas questões, mas a mãe não se conformou. Abriu a bolsa e mostrou vários carnês de pagamento, disse, aos prantos, que a festa de 15 anos da filha já estava paga e que a jovem estava dando este desgosto para ela; que a família não seria exposta ao vexame de ter uma 'sapatão' e que antes de passar 'vergonha', ela tiraria a vida da filha, preferia vê-la morta em um caixão, a vê-la em um relacionamento com outra mulher. Reafirmou repetidas vezes que mataria a própria filha, pois a adolescente estaria fazendo algo que era uma 'aberração' e um 'pecado'. Questionamos se matar e odiar não seria pecado também. A mãe respondeu que 'safadeza' era um pecado muito maior, pois Deus criou o homem para a mulher e não era para pessoas do mesmo sexo cometerem tal ato.

Chorou ainda mais dizendo que não adiantaria levar a filha ao psicólogo, pois todos os profissionais desta área diriam que não havia nada de errado em ter relações homossexuais. O pai, por sua vez, afirmou que procurariam psicólogos com princípios cristãos para aconselhar a jovem. Quando questionada se achava certo o racismo, por exemplo, a mãe respondeu que cada pessoa tem uma opinião e ninguém é obrigado a gostar do outro. Esclarecemos que comunicaríamos aos órgãos competentes as suas atitudes e intenções em relação à filha. Ela afirmou que teria imenso prazer em se entregar; que não precisávamos chamar a polícia e que ela passaria trinta anos felizes na cadeia, sabendo que se livrou de uma filha como aquela. E que caso não conseguisse matar a filha, se mataria para que a adolescente passasse sua vida com peso na consciência. Não duvidamos em nenhum momento das ameaças, pois em conversa com a secretária da unidade escolar, a aluna afirmou que a mãe já havia colocado uma faca em seu pescoço. Em relato à diretora, a própria mãe já teria tentado se matar junto com a jovem, por duas vezes. Ressaltamos que a conversa foi bastante difícil, e que tivemos que manter o profissionalismo no mais alto grau para administrar a situação tensa e muito delicada. Preocupados com a situação de perigo à integridade física da adolescente e o risco de morte da mesma, entramos em contato com o Conselho Tutelar pelo telefone. Adiantamos que se trata de uma aluna estudiosa e educada.

A jovem precisa urgentemente de acompanhamento psicológico, por mais que afirmemos que ela é um ótima pessoa e aluna, ela não acredita mais em si e em suas potencialidades. Já se considera uma péssima filha e alguém com quem ninguém deve ter proximidade, ou seja, sua autoestima foi duramente afetada por todos os acontecimentos citados e somente um excelente trabalho de uma equipe multidisciplinar poderá ajudar a solucionar o problema que se agrava gradativamente.

Solicitamos que o caso seja acompanhado de perto e nos colocamos à disposição para quaisquer esclarecimentos ou dúvidas, mesmo que a aluna esteja em outra unidade escolar. Aproveito a oportunidade para agradecer a atenção dispensada e reiterar protestos de elevada estima e consideração."

Freud, estou preocupado, é claro, com a jovem e sua mãe, mas, sobretudo, com o contexto em que se desenrola esse drama familiar.

"Por que é preciso que a religião tome a forma da psicanálise ou a psicanálise tome a forma da religião hoje?", indagou um psicanalista, nos idos 1999, na França, diante de alguns de seus pares que manifestaram posições contrárias ao debate sobre o reconhecimento jurídico da união civil entre pessoas do mesmo sexo, fundamentadas na valorização da complementariedade entre o homem e a mulher, e da família tradicional. Essas posições se valeram de uma certa interpretação de conceitos da psicanálise sobreposta ao discurso do familismo católico.

Aliás, a apropriação deturpada das suas ideias não é recente. Imagino sua surpresa ao ver analistas descartando sua afirmativa que os indivíduos homossexuais não são portadores de características especiais. E dá-lhes perversão! Essa retórica difundida na cultura ainda alimenta os discursos e práticas homofóbicas, além de ter justificado o impedimento silencioso dos candidatos homossexuais à formação psicanalítica.

E antes que alguém se valha da frase "nós a consideramos [a homossexualidade] uma variação da função sexual produzida por uma detenção no desenvolvimento sexual" – para dizer, através de você, que os homossexuais são pessoas imaturas – o conjunto da sua obra atesta que a variação não obriga o sujeito à meta heterossexual, e que os sujeitos heterossexuais também estão submetidos a uma parada ou fixação da libido, uma vez que para a psicanálise não existe uma maturidade sexual.

Assistimos hoje, na Europa e no mundo, movimentos de repatologização da homossexualidade. Muita coisa mudou, é verdade. O amor que não ousava dizer seu nome foi reconhecido. Casais homoafetivos conquistaram o direito ao casamento e à família, podendo gerar filhos através das técnicas de reprodução assistida ou adotá-los. Ao mesmo tempo, o ativismo religioso fundamentalista saiu do armário e mostrou a cara, diante de um panorama em que existe não somente uma crise de credibilidade do cristianismo e do futuro da Igreja Católica, mas da própria religião.

Sob o jargão alarmista da "Ideologia de Gênero", os protagonistas desse discurso conservador realizam ações políticas na reafirmação de valores morais e dogmas religiosos, a exemplo da renaturalização do modelo familiar heterossexual, no propósito de reconquistar e ampliar suas narrativas. Inventado pelos teólogos católicos, esse discurso ganhou a adesão das igrejas neopentecostais, principalmente na América Latina.

Aqui, no Brasil, uma das ações que incessantemente retornam ao cenário político é a tentativa, por parte de alguns psicólogos e deputados evangélicos, de anular a Resolução nº 001/1999 do Conselho Federal de Psicologia (CFP), que norteia a conduta ética dos psicólogos em relação à orientação sexual. Com isso, procuram deslegitimar a soberania do Sistema Conselhos de Psicologia. Em suma, a Resolução proíbe a patologização da homossexualidade e pronunciamentos públicos que reforcem o preconceito. Dentro desse mesmo teor, existe a Resolução do CFP nº 001/2018 voltada para as pessoas transexuais e travestis.

A estratégia utilizada pelas igrejas neopentecostais é uma leitura distorcida das contribuições da Psicanálise e dos Estudos de Gênero, entre outras ciências. Desse modo, os atores da cruzada homofóbica transformam pesquisas em meras caricaturas, esvaziando sua potência teórica e política. Ameaçados pela discussão contemporânea sobre a hierarquia dos corpos, gêneros e sexualidades, afirmam que estão sendo perseguidos e invocam em sua defesa os Direitos Humanos e a Constituição. Esses discursos se fazem ouvir nas bancadas evangélicas com o objetivo de estancar o processo da luta da população LGBT, pois se os indivíduos homossexuais precisam de tratamento, para que direitos iguais?

As terapias de reorientação ou reparação sexual não possuem fundamento científico. Elas são professadas por psicólogos pertencentes a associações religiosas que usam sua crença como recurso no exercício profissional, e seu público-alvo são indivíduos que apresentam um conflito entre a sua sexualidade e a sua fé.

Você já tinha alertado a respeito da impossibilidade da sobreposição entre a psicanálise e a religião, pois embora o discurso religioso seja atravessado nos dias de hoje pelas descobertas científicas, ambas possuem princípios distintos. O mesmo vale para a psicologia.

Atualmente, as pesquisas em psicanálise e em diversas áreas do conhecimento focam não mais as supostas causas da homossexualidade – pois a revisão da patologização da homossexualidade verificou que ela não constituía categoria diagnóstica. O patológico é a homofobia, isto é, os motivos que transformaram a homossexualidade em um distúrbio ou desvio sexual, através dos tempos.

Não faz sentido a justificativa empregada pelos psicólogos cristãos e evangélicos junto ao CFP e demais autoridades, para a autorização do "direito" ao tratamento de pessoas que não aceitam a sua homossexualidade, na medida em que esse desconforto é motivado pela homofobia. Nessa situação, a conduta ética do profissional, dentro de um enquadre clínico, é a de proporcionar a reflexão sobre a homofobia internalizada, e não o ideal da cura como salvação.

Freud, você deve estar pensando, "impressionante como tudo isso é tão antigo, devia estar totalmente ultrapassado".

Com carinho e admiração,
Acyr

VESTÍGIOS

Seria mil vezes uma
pena se as mulheres
escrevessem como os
homens, ou vivessem
como eles, ou se
parecessem com eles,
pois se dois sexos é
bastante inadequado,
considerando a vastidão
e a variedade do mundo,
como faríamos com
apenas um?

VIRGINIA WOOLF

Berenice Bento

UMA MICROFAÍSCA DE ESMALTE QUE SOBROU

São Paulo, dezembro de 1971
(ano da primeira cirurgia de transgenitalização no Brasil)

Prezado Dr. Freud,

Duas sensações tomaram conta de mim ao receber sua resposta. A primeira de estupefação ao ler seu nome como remetente. Admito que lhe escrevi com (quase) nula expectativa de uma resposta. Mas era preciso tentar escutar o pai daquilo que atormentou "meu filho". Não foi uma, mas inúmeras vezes que escutei seus/suas filhos/filhas afirmarem que "meu filho" era um doente. Então, receber uma carta do pai da psicanálise não foi um evento banal em minha vida. Daí a minha segunda surpresa. O conteúdo mesmo de sua resposta. Como é possível que um pai tenha criado algo que se distancia tanto de si mesmo? Os termos "cura", "doença" não foram originalmente inventados por mim para ler o comportamento "do meu filho". De tão repetido, acabou criando aquilo que nomeou: transformaram "meu filho" em um doente. Gostaria de narrar com mais detalhes os percursos que tenho feito com "meu filho".

Nunca acreditei que houvesse qualquer problema em ter um filho que gostava de coisas "ditas femininas". Algumas vezes, enquanto eu pintava minha unha, "ele" me acompanhava. Escolhia uma cor e ali passávamos horas em puro deleite. Outras vezes, ele tentava pintar as minhas unhas. Antes de ir para a escola, eu fazia o trabalho de retirar de suas unhas qualquer marca que pudessem marcá-lo na escola. Por descuido, um dia sobrou uma microfaísca de esmalte em uma de suas unhas. Duas horas depois que o deixei na escola recebi um telefonema do coordenador pedagógico. Eu deveria buscá-lo imediatamente. Ele estava com o nariz escorrendo sangue. Abracei todo seu corpo miúdo. Um colega descobrira a pequena marca de esmalte e o agrediu ao som dos risos dos outros colegas. Não queriam tirar a marca de esmalte. Tentavam arrancar o dedo "do meu filho". O coordenador, diante do meu desespero, me disse que iria ajudar-me. Ele já tinha separado alguns profissionais "muito competentes" que poderiam atender "meu filho". Era um cardápio inteiro de profissionais psi. Lembrou-me que a psicanálise infantil se mostrava muito eficiente e sem efeitos colaterais porque tudo acontecia via conversa. "A cura pela palavra... sem efeitos colaterais". Saí dali mastigando essas sentenças.

E foi assim que comecei, Sr. Freud, a conhecer sua diversificada prole.

Não foi apenas "meu filho" quem foi construído como doente. Quem foi a responsável por tê-lo feito seguir esse caminho? Eu, a mãe que não soube produzir um homem masculino. Meu marido? Não tenho. Sumiu no mundo depois que fiquei grávida. Eu, em um único corpo deveria desempenhar a "função materna e paterna" para "meu filho" ser normal? Quantas mulheres desconhecem esse modelo de família nuclear? Portanto, sou eu a responsável pela doença "do meu filho"? Escutei e ainda escuto: "o que falta para este menino é um pai! UM PAI!!!"; "Ele precisa interiorizar a lei, a interdição. Ele deve aprender que ele não pode ter/ser tudo o que quer".

Era quase como um conto de horror, Dr. Freud. Eu me perguntava, muitas vezes, se os/as psicanalistas tinham a compreensão de que sociedade eles habitavam. Brasil, um país onde a ausência paterna nos registros de nascimento é uma das mais altas do mundo. E ainda: o abandono paterno também acontece mesmo com o pai presente. Quantas vezes não me senti culpada, ou melhor, fracassada por não ter dado ao mundo um homem que esperavam "do meu filho"... Sim, fui eu quem adoeci, repetia para mim. Não o ensinei a odiar as mulheres, a humilhá-las. A delicadeza foi amplamente cultivada como um valor.

Entre tantos livros que me deram para me fazer ajudar ao meu filho a se tornar homem, lembro-me de um que ensinava técnicas para produção da masculinidade e que trazia alguns exercícios de produção do ódio às mulheres. Conheci textos de especialistas, entre eles o do Dr. Robert Stoller, uma autoridade, lida e citada mundo afora. Para ele, a explicação para a gênese da transexualidade da criança estaria na relação da criança com sua mãe. Segundo Stoller, a mãe da pessoa transexual é uma mulher que, devido à inveja que tem dos homens e o seu desejo inconsciente de ser homem, fica tão feliz com o nascimento do filho que transfere seu desejo para ele. Isso acarreta uma ligação extrema entre filho e mãe, o que não deixa o conflito de Édipo se estabelecer devido à inexistência da figura paterna como rival. A entrada no conflito de Édipo e sua resolução, segundo o autor, são momentos decisivos para a constituição da identidade de gênero da criança e de sua identidade sexual. A verdade sobre o transexual estaria na sua infância e, mais especificamente, na relação com sua mãe. A essência do transexual é sua mãe, afirmou o Sr. Stoller.

Aqui, Sr. Freud, somos uma multidão de mulheres que cria seus/suas filhos/filhas sozinhas. Desconfio que o modelo de família que lhe serviu de inspiração para seus achados está longe de ser uma realidade total entre nós e que seus/suas filhos/as parecem seguir tão de perto.

De onde vem essa ausência paterna em nossa sociedade? Talvez seja uma das muitas maldições do período de escravidão que engole quase toda a nossa história. De quem era o/a filho/a da mulher escravizada? O estupro foi uma prática recorrente nas senzalas e nas casas-grandes. Os senhores donos de gente dariam seus sobrenomes as eles? De quem sou filha? Somos uma nação de crianças sem o nome do pai. Talvez o mito que melhor fala de nós seja a primeira parte do mito de Édipo, quando seu pai o abandona para morrer. Então, é com certo cansaço que respondo à pergunta que psicanalistas fazem sobre o pai "do meu filho". Ou seja, é como se tentassem encontrar o sentido para o que acontece com "meu filho" em mim. É como se eu fosse a transmissora da doença dele.

O senhor deve estar se perguntando o porquê das aspas em "meu filho". Entre o envio de minha carta e a sua resposta, algum tempo se passou e mudanças foram sendo gestadas.

"Meu filho" agora é uma moça. E por isso citei o pensador da transexualidade.

O senhor pode imaginar o que seus/suas os/as filhos/as fizeram com ela? Como era possível um homem ter nojo daquilo que lhe confere tanto poder? Como reivindicar o reconhecimento social e existencial a uma parte da humanidade dita como o "continente obscuro", aquilo que não tem valor, o lugar de uma diferença abjeta? Seguimos de consultório em consultório. Escutamos frases de efeitos primorosos:

"O real não é corpo. É a linguagem!",

"Para que fazer uma cirurgia de mudança de sexo? Não posso autorizar este tipo de mutilação!",

"Seu filho irá trocar uma mentira por outra mentira. Não autorizo a cirurgia!",

"Você é homossexual e transexual".

O senhor entende onde estamos? Agora, seus/suas filhos/as estão espalhados pelo mundo, dizendo que minha filha é uma impossibilidade. Minha filha passou parte considerável de sua vida (e eu com ela) em consultório, de divã em divã, repetindo a mesma história: o horror de viver a abjeção em relação a sua genitália e ao falar disso, ela toda se torna socialmente abjeta.

Certamente (e felizmente) parece que a discórdia começou a reinar entre seus/suas filhos/as e já escuto dizer que alguns/algumas ousam respeitar o desejo das pessoas que querem transitar de gênero. E o mais interessante, os/as dissidentes usam os seus textos para negar a posição dos/as outros/outras irmãos/irmãs. A disputa está em torno de quem lhe traduz e interpreta com maior rigor. Seu poder, portanto, é considerável.

Minha filha agora não demanda mais o reconhecimento de uma determinada sexualidade. Aliás, ela está namorando e vivendo com uma colega de trabalho. Tornou-se uma linda mulher trans lésbica. Acho que nós duas cansamos. Seguimos nossas vidas. Não temos mais interesse em escutar os especialistas da palavra. Depois de anos e anos de dor, tentativa de suicídio de minha filha, de cenas diárias de humilhação com a cumplicidade dos/as seus/suas filhos/as, descobrimos que nada nos resta a não ser viver, precariamente, mas seguir.

Agradeço imensamente sua resposta. Infelizmente, acho que de pouca utilidade terá na vida da minha filha. Mas terei muita alegria em entregá-la a ela que, aliás, tem pensado em fazer uma formação em psicanálise. Como eu disse, o senhor continua fazendo filhos/as em toda parte do mundo.

Berenice Bento

Marco Aurélio Máximo Prado

SOBRETUDO PELO PODER DE DIZER

Belo Horizonte, novembro do pretérito do presente

Caro Freud,

Permita-me chamá-lo simplesmente de Freud. Insisto assim por apenas uma lembrança: eu o conheço desde a minha juventude. Minha intimidade com o seu legado e com sua história é relativamente longa, o que me foi dando essa chance de desenhar alguma intimidade com o seu pensamento, embora não sem ressalvas, já aqui deixo adiantado.

Mas data do ano 1980 quando eu fui apresentado ao seu pensamento pela primeira vez. Na verdade, não foi uma mera apresentação, fui exposto à ação da sua teoria da práxis, aquilo que chamaríamos de prática clínica psicanalítica. Essa aproximação se deu quando fui levado em uma situação de análise, convocado por minha família, para me "tratar" – como diriam muitos naquela época e naquele contexto.

A ideia de tratamento parece ser uma linha que atravessa muitos temas do seu pensamento. Mas voltarei nela mais adiante, até porque tratar sugere um certo cuidado com o outro e ao mesmo tempo uma forma de fazer, explicitar, um certo dano, uma certa vulnerabilidade, ao mesmo tempo.

Naquele momento, aos 16 anos de idade, fiquei de frente para aquela que seria paulatinamente minha primeira psicanalista, entre outras três. Com ela, escutei uma referência a uma posição, até então desconhecida, mas que iria assumir alguma relevância e densidade na minha vida: freudiana! Assim, sinto, depois de 38 anos de alguma intimidade, bastante confortável em chamá-lo simplesmente de caro Freud.

Embora eu já a conhecesse e já tivesse lido sua carta de 1935 endereçada a uma mãe de um filho supostamente homossexual, recebê-la endereçada a mim nesse momento, neste ano de 2018, foi disparador de uma cena um tanto nostálgica, embora também a tenha encarado como uma convocatória a ser respondida com alguma compulsoriedade, sobretudo pensando o contexto atual no qual esta carta chega às minhas mãos. Aqui, desse presente histórico, sinto lhe dizer, mas as homossexualidades seguem sendo perturbadoras.

Nosso encontro, nos anos 1980, foi mediado pela experiência do que mais tarde seria a "minha experiência homossexual" – para dizer de algo que não é dito –, o que naquele momento não era em nada uma questão singular para mim, mas muito mais uma interrogação, uma vergonha, uma dor, um insulto e um dispositivo que acionou, emergencialmente, os controles morais da minha família. Tal qual aquela mãe que em 1935 sentiu-se convocada a buscar ajuda, ou melhor, cura para seu filho.

Portanto, penso saudosamente que temos muito o que conversar quando em 2018 eu tenho o imenso prazer em receber sua carta de 1935 e uma obrigatoriedade em respondê-la. Afinal, caro Freud, você bem sabe que os nomes têm seus lugares, produzem espacialidades e temporalidades, embora sejam conexões falidas de permanência, pretendem-se perenes e substancializados. E passados 73 anos da sua carta, os nomes foram se alterando, os significantes foram se enervando, a política fez sua função de deslocar tantos nomes do "homossexualismo" sugerido pelo seu escrito.

Você estava certo naquela época, não era algo para preocupar-se tanto, fez bem em acalentar aquela mãe inconformada, embora ela não tenha tirado proveito de sua carta como poderia. Mas sua posição cravou algo insuperável para ela.

Eu queria ressaltar que você identificou ali o poder do dizer. O poder daquele amor que não se ousa dizer o nome, como sublinhou o escritor Oscar Wilde. Posso lhe dar um testemunho de que até hoje há muitas pessoas que tal qual aquela mãe não ousam dizer por que tomam o que está dito como sua referência moral, portanto, não ousam dizer, uma vez que se bastam com os ditos morais.

Mas embora tenhas identificado o poder de dizer, não sei se percebeu o dizer o nome como um ato polêmico, me explico: você não destacou, desconheço o motivo, que aquele nome tinha e tem um elemento político muito potente. Ele descortina a fragilidade dos acordos heterossexualmente orientados como linha mestra da moralidade normal. Ou seja, o dizer como política evidencia a contingência do acordo heterossexual tão estabelecido através de guerras, sangue, torturas psicológicas e com o uso da força quanto mais com as sensibilidades cotidianas que reiteram sistemas heterocentrados a cada gesto, a cada ritual romântico.

Pensar que você, em 1935, escreve sobre essa polêmica e que de lá para cá muita história tenha acontecido com mudanças sobre a própria experiência política das sexualidades. No entanto, há algo que permanece intacto: a ideia de polêmica acerca das homossexualidades, que, mesmo com o passar dos anos, até hoje reside em nossa sociedade. Elas são perturbadoras ainda no século XXI, meu caro.

Como um colega seu chamado Michel Foucault demonstrou anos depois de você, fala-se muito de sexualidades, se institui uma dispersão discursiva sobre elas, mas não como forma de algum reconhecimento, mas sobretudo como mecanismo sensível de controles morais, portanto, caro Freud, se em 1935 a carta gerou polêmicas, hoje eu diria que, mesmo com muitas mudanças, a ideia de polêmica permanece, embora com novos contornos. Como se sabe, o tempo histórico não se dá em linhas retas, mas tem formas tortuosas e oblíquas.

Devo dizer que atualmente nem é mais uma polêmica só, mas é, sobretudo, uma grande disputa política, e é com esse intuito que me utilizo do termo "polêmica" tal qual Jacques Rancière o denominou ao se referir às questões políticas que buscam fazer emergir uma nova configuração das mentalidades e das emoções ao denunciar a contingência radical de todos os contratos hegemônicos.

As homossexualidades são, nesse sentido *rancieriano*, uma potência polêmica do presente, pois se posicionam entre o dito e o para dizer, entre a norma moral e o desejo, entre o corpo e a maioria, entre o poder e a liberdade.

Na época que o conheci, ou melhor, seu trabalho e sua história, eu estava exatamente enfrentando essa disputa no âmbito da minha experiência corpórea, social e subjetiva. Embora eu não tivesse práticas sexuais homoeróticas naquele momento, já identificava que o universo cultural e das relações sociais daquilo que no século XX iria se erguer fortemente como uma "cultura e uma política das sexualidades" teria me convocado a várias identificações importantes: a liberdade, a não identidade, o prazer do corpo, a estética do corpo múltiplo, a amizade entre homens, a contracultura da cultura machista, a sensibilidade, o prazer público e, sobretudo, a solidariedade feminista formavam para mim, nos anos 1980 e 1990, um caldo contextual e uma política gestual dos corpos que me dava extremo prazer. Assim, Freud, eu fui me aproximando desse universo por motivos muito alheios àqueles que poderiam ser tomados em alguma psicologia, mas sobretudo pelo poder de dizer e isso é o que você nomeia em sua carta e que me parece atual, potente e revelador de uma certa pusilanimidade da história do presente que mostra que as lutas travadas por reconhecimento das homossexualidades estão na mesma medida que a falência das palavras.

Não foi um tempo fácil, aqui onde vivo, aquela época era triste. Segue triste, eu diria. Mas naquele momento era uma tristeza pública distinta porque vivíamos numa sociedade extremamente dominada pela violência de Estado, ocupada pelos militares no poder. E, imediatamente, logo após o fim da ditadura civil-militar por aqui, iniciamos uma grande batalha contra a aids, na época aniquiladora de tantas vidas homossexuais.

A aids significou para nós talvez o preconceito mais refinado e perverso, pois colocou nosso corpo no lugar de indesejado, de culpado e nosso prazer como um ato de morte ou assassinato. Mas vencemos em parte essa batalha com solidariedade que entre a condição vulnerável encontramos. E como era de se esperar, politizamos os corpos e as sexualidades. De mãos dadas com as mulheres e com o feminismo, politizamos nossos desejos e iniciamos um tempo que pensar a vida pública, a vida das moralidades e dos direitos foi conquistado. Você iria reescrever, sem dúvida, alguns trechos do *Psicologia de massa e análise do ego,* embora ele hoje esteja se reatualizando com alguma força explicativa novamente no mundo, mas isso é papo para outra carta.

Atualmente, mesmo com nuances distintas, há algo aí que se reproduz. Estamos frente a uma violência de estado de outra ordem, que agora com os mesmos militares se juntam forças neoliberais mercadológicas onde matar o outro é mais uma mercadoria. Essa moral, que evidencia os horrores que uma cultura tenha se negado a tratar politicamente, cerca-se totalmente da polêmica das homossexualidades no mundo público. Se em 1935 a preocupação da mãe era com o filho, agora o Estado pretende ser ocupado por forças que prometem em um verão próximo aniquilar a vida pública dos homossexuais. Mas como já aprendemos, se o verão é deles, a primavera poderá ser nossa!

Conto rapidamente tudo isso nesta carta porque esse contexto tem sido muito paradoxal e se relaciona com a história das homossexualidades por aqui. Sim, eu sei que você não sabe, mas aos poucos irá se inteirando. Paradoxal porque a repressão de Estado também convivia com uma certa dose de resistências, de contracultura, o anseio por uma configuração nova das relações, pela crítica ao sistema social, pelo desejo de uma nova sociedade, portanto pela luta contra uma forma de organização da moral, da política e do corpo. E embora a psicanálise tenha sido bastante ambígua, alguma parte dela foi generosa comigo.

Assim vivíamos em eterna disputa e polêmica, e a experiência das homossexualidades nos permitiu enfrentar as muitas camadas dessa forma conservadora da moral social e da política, ou seja, permitiu nos encarar a nós mesmos muitas vezes a estranhar o nosso conservadorismo moral com uma certa errância do desejo.

Com a expressão do nosso corpo, do nosso vestuário, dos nossos gestos, da nossa linguagem e de nossos rituais, fomos nos transformando em corpos políticos em luta. Éramos parte da polêmica das homossexualidades que fazia emergir novos sujeitos aí. Portanto, era mesmo um paradoxo aquele momento, não sei se será tão diferente agora.

Mas foi ali na sala da psicanalista, trancafiado numa tarefa de obrigação familiar que me vi frente a frente com um tal jeito "freudiano" de pensar uma posição sexual singular. Eu apenas buscava cumprir algum contrato familiar. Mas como são mesmos os paradoxos, onde se imagina apenas obrigação, abre-se muitas vezes um campo de reflexão. Ali aprendi sobre você.

Não seria muito depois que se daria o meu primeiro acesso a sua carta, embora não endereçada a mim nem a ninguém, mas a todos, todos a liam. Eu então imediatamente pensei um amor com um nome de insulto: homossexual. Foi divagando livremente no divã daquela prática clínica que fui construindo a minha homossexualidade sem lugar previsto, mesmo que polêmica na reconfiguração dos mundos que habitávamos.

Essa polêmica segue viva! Do divã às ruas, a polêmica nunca foi tão forte. Me pergunto, caro Freud, se sua carta foi enxuta exatamente por isso, por perceber que as polêmicas são vividas e sentidas mais do que racionalizadas em alguma nomenclatura. Talvez tenha sido sábio de sua parte escrever tão pouco àquela mãe, acreditando que o resto do trabalho ela mesma faria ao deparar com sua própria moralidade materna daquela época.

Na história do século XX ocidental, as homossexualidades foram passo a passo tornando-se o ponto nodal de crítica às organizações morais, corporais e afetivas. Me explico melhor, pois imagino que daí fica muito nebuloso perceber esse ponto nodal. Mas rapidamente devo-lhe dizer que uma ampla ação foi feita por muitos anos de transformar as sociedades e as moralidades acerca dos desejos inconformados. Muita luta se travou, muita revisão científica se deu. Isso não bastou para alguma civilidade humanizadora se instalar entre as moralidades repressoras, mas avanços no campo dos direitos e da cultura foram fundamentais para que mães como aquela hoje pudessem orgulhar-se de seus filhos homossexuais. Imagino que sua carta, embora ainda atual, não seria tão impactante para uma mãe na contemporaneidade.

Assim, caro, temos seguido. Com uma história quase menor, mas enchendo a vida de possibilidades e de anarquias desejantes, apesar dos poderes. Seguimos sendo polêmicas, o que mesmo tendo preço caro a pagar, não é de todo mal. Talvez aqui, nesse espaço de polêmicas tenhamos encontrado um tempo para tratar. Para tratar desse dano, dessa vulnerabilidade que nos constitui, de criar formas de vida solidárias entre as pessoas que de alguma forma estão mais expostas a violências, de inventar amores materializados em corpos múltiplos e singulares. Portanto, importante foi você nomear o tratamento como cuidado e não como cura, mesmo que muitos psicanalistas não o tenham entendido, mas sua carta foi e continua sendo um referendo importante, sobretudo em tempos de fechamento das mentalidades que vivemos hoje. Recolocar a ideia de tratamento como lidar, lidar com um dano, explicitar a fragilidade dos arranjos heterossexuais e suas contingências, me parece que é do que tratar faz parte, lidar com as nossas questões de forma a não sermos prisioneiros de uma hegemonia moral dos costumes e dos desejos, seja ela qual for.

Portanto, caro Freud, se sua carta não foi tão ambígua quanto a própria psicanálise o foi durante o século XX, digo-lhe que estamos prontos a reescrevê-la, pois seja porque o tempo triste se impõe ou porque sua escrita foi sabedora, não importa o motivo, sua carta merece ser lida, respondida e reescrita. Pessoalmente eu tenho muitas ressalvas a como a instituição psicanalítica lidou com essa ideia de tratamento, mas quero que saibas que o dano maior seria não podermos exercitar o poder de dizer e sua carta nos é solidária hoje ao dizer algo que escapa do que está dito nas normas sociais as quais ainda hoje insistem em falar de cura ao invés de dizer de tratar, tomar para si, cuidar, explicitar, solidarizar.

Despeço-me feliz e agradecido por ter podido dizer a ti sobre o nosso tempo e espero com muita força que nenhum de nós precisemos nunca mais explicar o óbvio a nenhuma mãe, a nenhum Estado, a nenhum poder.

Abraço,
Marco Aurélio

Serena Rodrigues

SUA RESPOSTA DEMOROU QUASE UMA ETERNIDADE

Santos, 2 de junho de 2018

Caro Sr. Freud,

Fiquei bastante surpresa, porque só em 2018 recebi sua carta-resposta datada em 1935.

Talvez estivesse perdida? Ou não? Não tinha destinatário? Seria coincidência eu recebê-la apenas neste momento, por ser eu mãe de um homossexual e vó de uma neta transexual? Seria obra do acaso ou do destino o que fez com que esta carta tenha chegado às minhas mãos somente agora, em pleno 2018?

Vou respondê-la como o senhor solicitou com veemência, com maiores detalhes que não tinha revelado em minha primeira carta ao senhor.

Foi mais ou menos em 1985, quando meu filho tinha uns 18 anos, comecei a perceber atitudes não estranhas, mas diferentes. Ele já morava sozinho em São Paulo, Brasil, cursando a faculdade que havia escolhido – "curso de Psicologia".

A minha ligação com meus filhos sempre foi muito forte, então fui à sua casa para visitá-lo, e aproveitar para conversarmos se estava gostando da faculdade e como estava se saindo morando sozinho.

Ah! Deixe-me situá-lo onde resido. Moro em uma cidade que fica a uns 80 quilômetros de distância da cidade de São Paulo. Assim, fui ao encontro dele, no entanto, não experimentei tanta receptividade naquele momento, mas após alguns dias depois ele veio para minha cidade e me convidou para jantar.

Nesse encontro falou que tinha um problema muito grande, muito difícil, então em uma linguagem de mãe eu disse que no mundo havia uns quinhentos problemas e com certeza o dele estaria dentro desse espectro. Pensou e falou que era homossexual. Eu refleti uns segundos e conversamos como ele iria lidar com esse diferencial, pois tudo era novo para ele também.

Em primeiro lugar, eu disse que teria que estudar e se formar para tornar-se um profissional com independência financeira, pois sempre o foi em quase tudo desde pequeno e assim com todos esses requisitos não teria grandes entraves em sua vida e ainda como fazia psicanálise desde os 15 anos, com certeza todas as suas dúvidas seriam resolvidas da melhor forma possível. Em relação a sua psicanálise, acho que encontrou pessoas muito importantes em sua vida, pois hoje tem 51 anos e é muito bem resolvido e feliz. Isso é o mais importante, talvez ele seja o mais resolvido da família!

Não posso dizer que não fiquei assustada, pois para mim tudo era novo também; reagi com um sofrimento que guardei em meu coração um tempo!

Duas pessoas naquele momento foram muito importantes para mim, meu pai e meu segundo marido. Eles me ajudaram muito a compreender melhor a situação. Papai era um professor de História apaixonado e filósofo, e meu marido, uma pessoa muito instruída e estudiosa. Os dois respeitavam sempre a liberdade individual, sendo assim, as coisas foram ficando mais nítidas para mim e mais suaves.

Tenho que falar em um detalhe importante. Fui casada com o pai de meus três filhos durante catorze anos, um homem que não tinha sensibilidade alguma sobre este assunto, pelo menos eu sentia isso na época, me divorciei e depois durante 38 anos fiquei com meu segundo marido.

Enquanto esperava sua resposta, a qual demorou quase uma eternidade, Sr. Freud, me modifiquei totalmente, lendo muito, procurando sempre sobre o tema e um dos livros que mais me marcou foi *Montanha mágica,* de Thomas Mann, e, inclusive, preciso relê-lo, pois ele fala muito em liberdade mesmo com todos os problemas de um sanatório, vidas quase no fim, problemas psicológicos e sociais; também li *Se o grão não morre,* de André Gide, com suas verdades incômodas.

Os livros para mim foram de grande importância, me permitindo abusar de minha liberdade de pensamentos e criando em mim uma autoconfiança que não tinha antes, mas isso demorou, pois tudo se transforma muito lentamente, passando assim a entender a todos muito melhor.

Tinha e tenho até hoje medo das agressões contra os homossexuais, e é o que mais me preocupa, a grande injustiça que o senhor citou em sua carta e é o que qualquer mãe tem medo.

Agora pergunto eu ao Senhor: o que muda para qualquer pessoa se um homem ama um homem ou vice-versa, ou todas as formas de amor existentes com respeito? Nada! Então a ignorância é o que leva à agressão e isso é deprimente em qualquer sociedade. Eu não sei realmente como tratavam as pessoas "diferentes" cem anos atrás, pelo que o senhor escreveu, as coisas eram muito difíceis, mas vou passar para o senhor como é hoje. São mortes e mais mortes, vivo em um país que existe um preconceito muito grande, inclusive com as mulheres, com estupros e mortes, principalmente por maridos e companheiros. Quanto aos homossexuais e transexuais, nem se fala, são maltratados, principalmente os que não têm estudos e que estão à margem da sociedade, sem empregos, sem família. As famílias normalmente rejeitam essas pessoas com muita veemência e já está comprovado que se eles têm ajuda das mães, principalmente, as coisas vão por caminhos muito melhores.

Existe também um preconceito muito forte religioso, principalmente dos evangélicos, pois para se abrir uma igreja com um pastor ignorante ao extremo, é mais fácil do que se adquirir um carrinho de pastel! Os católicos não ficam atrás, só que é mais difícil abrir uma igreja, e aí existe uma desproporcionalidade entre esses órgãos quantitativos, não qualitativos! Também entra a parte política, com um congresso que hoje reflete o nosso povo, com falta de estudos básicos e ainda saindo de um golpe em 1964 que durou mais ou menos 21 anos, sendo a forma de ficarmos ignorantes na parte política, assim não aprendendo a votar por muito tempo.

Esse congresso, para adquirir votos (os religiosos principalmente), e os mais conservadores fazem campanha contra qualquer forma de sexualidade, principalmente a favor da criminalização dos "diferentes".

Agora quanto ao meu filho, acho que ficou tudo mais esclarecido para o senhor, mas neste momento também vou falar-lhe sobre meu neto, que hoje é neta. Foi mais difícil para mim, pois vi muito sofrimento dos seus 16 anos mais ou menos até os 24, quando conseguiu a mudança que sempre quis.

Então há dois meses ele fez a transformação corporal e está muito feliz, ficando até mais junto da família que sempre lhe deu todo o apoio, mas não foi nada fácil até o seu pai superar todas as suas expectativas, tinha um filho que virou filha.

Realmente eu sofri muito pelo meu filho, pai da minha neta hoje, pois ele não se conformava, mas agora parece que está tudo bem, com terapias também! Estão conversando mais e como eu disse ganhou uma filha! Ela está estudando novamente e isso para mim é uma das coisas mais importantes, pois como lhe falei com estudos e independência financeira tudo muda para melhor.

Não sei se consegui passar ao senhor o meu olhar sobre estes assuntos desde aqui no século XXI. Esta é a minha vida resumidamente para o senhor entender e continuar me escrevendo, pois suas palavras foram muito importantes! Tenho 75 anos, sempre fiz o que quis dentro das possibilidades e sou completamente realizada, pois consegui que todos na minha família tenham respeito pelas diferenças e isso me deixa com uma vida completa!

Mando-lhe um abraço e espero que o senhor continue a se corresponder comigo, pois, nós mães, precisamos sempre de alguém para podermos trocar nossas dúvidas e sentimentos! Um grande abraço e seu apoio é muito importante para nos sentirmos queridas.

Serena

Carla Rodrigues

UMA CARTA PODE TER MAIS DE UM DESTINO

Fazenda Inhotim, alguns meses antes
do crime de Brumadinho

Caro Dr. Freud,

Escrevo acomodada num enorme banco de madeira instalado nos jardins da Fazenda Inhotim, Minas Gerais. Escolhi este lugar para retomar um tema que há muito me mobiliza: a distinção entre natureza e cultura e sua implicação no modo como pensamos as diferenças sexuais. Os bancos esculpidos em troncos de madeira pelo artista Hugo França desafiam a nossa possibilidade de separar o que é produto da natureza do que é produto da cultura. Árvore, banco e obra de arte são inseparáveis. Foi a beleza desse trabalho que me inspirou a retomar o tema das diferenças sexuais, mobilizadas para tornar inteligíveis certas experiências de sexualidade, de família e de vida. Pode parecer ocioso retomar a distinção natureza/cultura depois de a filosofia e de a antropologia pós-estruturalista terem demonstrado a impossibilidade de sua sustentação, mas acho necessário reconhecer que ainda há distâncias imensas entre estas aberturas teóricas já conquistadas e a prática cotidiana ainda tão impeditiva (o tema poderia nos levar ao debate sobre a suposição de separação entre teoria e prática, mas seria assunto para outra carta). Minha intenção é dar um breve passo atrás e tentar fazer desse recuo um ponto a partir do qual pretendo pensar o problema que afligia a mãe que lhe escreveu, o enquadramento da homossexualidade como doença. Em grande medida, feministas e homossexuais enfrentam, ambos, um mesmo tipo de discriminação, de não serem normais por não seguirem roteiros naturais para a existência. Nesta minha resposta tão tardia a essa carta que, se não chegou a seu destino, indica que uma carta pode ter mais de um destino, pretendo pensar a partir de pontos de intersecção entre filosofia, antropologia e psicanálise, conjuntos teóricos que compartilham pelo menos o segredo das diferenças sexuais. Quando tomada como binária, tornou-se um dos fundamentos da heterossexualidade normativa e origem de sofrimentos psíquicos como o expresso pela mãe zelosa da carta, temente da homossexualidade do filho. Quando tomada como natural e biológica, produziu a exclusão das mulheres da vida social e cultural, tema de um conjunto amplo de debates entre teóricas feministas. Longe de pretender esgotar as questões, encaminho para sua apreciação pequeno texto em que abordo alguns desses problemas de gênero. Muito respeitosamente,

Carla

Carla Rodrigues

ESBOÇO PARA UMA FILOSOFIA POLÍTICA FUTURA

"Tráfico de mulheres: notas sobre a 'economia política' do sexo", da antropóloga Gayle Rubin, publicado nos Estados Unidos em 1975, é um texto fundamental para a teoria feminista e para o debate sobre a distinção sexo/gênero, ali criticada tanto em confronto com a antropologia estrutural de Lévi-Strauss quanto com a proposição freudiana de Complexo de Édipo. Sua recepção no Brasil animou a segunda onda feminista e mobilizou diferentes movimentos de mulheres.[1] A recente publicação em livro me servirá como pretexto para a retomada de algumas das questões que ali aparecem e continuam em jogo no debate contemporâneo sobre gênero e seus efeitos.[2] Pretendo tomar o ensaio de Rubin como um "verdadeiro

[1] O fato de não haver edição em português faz com que Christine Rufino Dabat, Edileusa Oliveira da Rocha e Sonia Corrêa traduzam o texto, que começa a circular em cópias xerox, muitas vezes enviadas pelo correio, a pesquisadoras dos então incipientes estudos de gênero. Há pouco tempo disponível on-line, foi editado em Recife em 1993 pelo SOS Corpo, uma organização não governamental atuante na defesa dos direitos das mulheres. Disponível em: <https://repositorio.ufsc.br/handle/123456789/1919>. Acesso em: 7 jul. 2019.

[2] RUBIN, G. [1975] Tráfico de mulheres: notas sobre a "economia política" do sexo. In: RUBIN, G. *Políticas do sexo*. Tradução de Jamile Pinheiro Dias. São Paulo: Ubu, 2017.

momento filosófico"[3] a fim de pensar as formulações da filósofa Judith Butler sobre melancolia de gênero à luz dos problemas levantados por Rubin.[4] Escreve a antropóloga:

> [...] nós não apenas sofremos opressão como mulheres, nós somos oprimidas por termos de *ser* mulher – ou homens, conforme o caso. Pessoalmente, acho que o movimento feminista deve sonhar com algo maior do que a eliminação da opressão das mulheres. Ele deve sonhar em eliminar as sexualidades compulsórias e os papéis sexuais. *O sonho que me parece mais cativante é o de uma sociedade andrógina e sem gênero (mas não sem sexo), na qual a anatomia sexual de uma pessoa seja irrelevante para quem ela é, para o que ela faz, e para com quem ela faz amor* (grifo meu).[5]

Pessoalmente, não apenas concordo com a autora, como gostaria de tomar esse trecho quase final do artigo de Rubin para estabelecer algumas conexões que me parecem relevantes. A primeira diz respeito ao tema da carta de Freud. Se a questão que anima a resposta freudiana é a de tentar pensar o que, naquele momento, a psicanálise poderia oferecer a um jovem homossexual, hoje seria possível endereçar uma nova questão, ou uma questão repetida em *différance*: em que a psicanálise poderia contribuir para uma sociedade como a sonhada por Rubin, na qual *a anatomia sexual de uma pessoa seja irrelevante para quem ela é, para o que ela faz, e para com quem ela faz amor.* Penso poder endereçar a questão à teoria psicanalítica contemporânea por acreditar, também, que boa parte da experiência de análise está ligada a fazer as perguntas certas

---

[3] Estou seguindo a definição de Patrice Maniglier, para quem um verdadeiro momento filosófico é aquele a que se retorna a fim de retomar questões que ali se abriram e exigem ser repensadas a cada vez. Cf. MANIGLIER, P. Térontologie saussurienne: ce que Derrida n'a pas lu dans le Cours de linguistique générale. MANIGLIER, P. (Org.). In: *Le moment philosophique des années 1960 en France*. Paris: PUF, 2011.

[4] Mais sobre a articulação entre o pensamento das duas autoras numa conversa entre as duas, publicada em: *Cadernos Pagu*, v. 21, p. 157-209. Disponível em: <http://www.scielo.br/pdf/cpa/n21/n21a08.pdf>. Acesso em: 12 jul. 2019.

[5] RUBIN, 2017, p. 55.

– aqui não como sinônimo de corretas, mas de certeiras, direcionadas ao alvo (ou à interrogação do sintoma, se preferirmos ficar com vocabulário da clínica). Repetir a questão seria atualizar seus termos – considerando todas as transformações ocorridas na abordagem da homossexualidade, inclusive a sua retirada do catálogo de doenças da OMS – e ainda nos deixar instigar pela torção proposta por Rubin: "não apenas sofremos opressão como mulheres, nós somos oprimidas por termos de *ser* mulher – ou homens, conforme o caso".

Estão em jogo aqui muitos temas caros – e controversos – aos feminismos contemporâneos. Meu interesse está em articular o "ser mulher – ou homens, conforme com o caso" com o exercício da sexualidade. Rubin discute o par sexo/gênero como uma decorrência do modo como Lévi-Strauss descreve as estruturas elementares do parentesco – e o faz numa engenhosa articulação entre Lévi-Strauss e Freud. Quinze anos depois, Butler acrescenta um novo problema ao par sexo/gênero a fim de criticar a ideia de que "gêneros inteligíveis" sejam aqueles capazes de se instituir e de sustentar relações de coerência e continuidade entre sexo, gênero, prática sexual e desejo, o que só seria possível se pudéssemos discernir os elementos biológicos, psíquicos, discursivos e sociais. Ou, nos termos de Rubin que Butler retomará em *O clamor de Antígona,*[6] se pudéssemos separar natureza e cultura.

É arbitrária a minha escolha de passar desse ponto da argumentação em que a antropóloga e a filósofa se encontram para a leitura que Butler faz da melancolia em Freud. Mesmo arbitrária, a decisão se justifica pelo meu interesse de fazer uma segunda conexão com a carta de Freud. Se a melancolia de gênero é produzida na exigência de "ser mulher" ou de "ser homem" – ligada à heterossexualidade compulsória –, o fundamento na natureza, que articula natural e normal, precisa ser enfrentado por toda teoria que pretenda pensar o laço social.

---

[6] BUTLER, J. *O clamor de Antígona: parentesco entre a vida e a morte*. Tradução de André Cechinel. Florianópolis: Ed. da UFSC, 2014; BUTLER, J. *Antigone's Claim: Kinship Between Life and Death*. New York: Columbia University Press, 2000.

Primeiro em *Problemas de gênero* (1990) e depois em *A vida psíquica do poder* (1997), Butler debate duas concepções de melancolia na obra de Freud, a primeira descrita em *Luto e melancolia* (1917) e a segunda modificada em *O Eu e o Isso* (1923). Na concepção apresentada em 1917, Freud propõe pensar o luto e a melancolia como reações diferentes à perda de um objeto amado. Enquanto o luto se fecharia após um processo de recuperação da capacidade do sujeito de refazer seu investimento libidinal em um novo objeto, a melancolia – embora exija um trabalho interno parecido de afastamento do objeto perdido – apresenta uma diferença em relação ao luto na medida em que a perda do objeto se transforma também numa perda para o Eu, identificado com a condição de objeto perdido. Já no texto de 1923, Freud modifica sua concepção de melancolia, e será essa a mudança que interessará a Butler. A filósofa ressalta o caráter "crucial" que o processo de internalização dos amores perdidos passará a ter para Freud na formação do Eu e na sua escolha de objeto.[7] Butler se apoia em *O Eu e o Isso* para desdobrar sua concepção de melancolia de gênero como resultado da imposição da escolha de objeto amoroso no registro heteronormativo.

> [...] poderíamos concluir que a identificação melancólica permite a perda do objeto no mundo externo precisamente porque possibilita uma maneira de *preservar* o objeto como parte do Eu e, portanto, evitar que a perda seja completa. Aqui percebemos que deixar o objeto ir significa, paradoxalmente, não o abandonar por completo, mas transformar seu caráter externo em caráter interno. Desistir do objeto só se torna possível na existência de uma internalização melancólica, ou daquilo que, para o nosso propósito atual, pode ser ainda mais importante: uma *incorporação* melancólica.[8]

---

[7] BUTLER, J. *Problemas de gênero: feminismo e subversão da identidade*. Tradução de Renato Aguiar. Revisão técnica Joel Birman. 8. ed. Rio de Janeiro: Civilização Brasileira, 2015.

[8] BUTLER, J. [1997] *A vida psíquica do poder: teorias da sujeição*. Tradução de Rogério Bettoni. Belo Horizonte: Autêntica, 2017, p. 143, grifos da autora.

A partir daqui, ela pergunta se é possível que as identificações de gênero sejam produzidas por meio das identificações melancólicas, a partir da ideia de que masculinidade e feminilidade se formariam a partir da "forclusão da possibilidade que coloca a homossexualidade na categoria de paixão inviável e perda não pranteada",[9] consequência da saída do Complexo de Édipo pela via do tabu do incesto e da interdição da homossexualidade. A leitura que Butler faz de Freud está implicitamente influenciada pelo modo como Rubin havia criticado o tabu do incesto como formador de um sistema de parentesco cuja centralidade teria como consequência a negação tanto da feminilidade quanto da homossexualidade. No sistema de parentesco, certos direitos são garantidos aos homens sobre as mulheres de sua família, mas "as mulheres não possuem os mesmos direitos, nem sobre elas próprias, nem sobre seus parentes homens", o que a levará a escrever:

> No nível mais geral, a organização social do sexo é baseada no gênero, na heterossexualidade compulsória e na imposição de restrições à sexualidade feminina [...] Ademais, o tabu do incesto pressupõe a existência de um tabu anterior, menos explícito, sobre a homossexualidade. A proibição de determinadas uniões heterossexuais pressupõe um tabu contra uniões não heterossexuais. O gênero não é apenas uma identificação com o sexo; ele também implica que o desejo sexual se dirija ao outro sexo [...] *A supressão do componente homossexual da sexualidade humana e seu corolário, a opressão dos homossexuais, são, portanto, produto do mesmo sistema cujas regras e relações oprimem as mulheres.*[10]

Mais uma vez estamos diante do problema da distinção entre natureza e cultura, porque tanto a opressão das mulheres quanto a repressão ao exercício da sexualidade estariam fundamentadas na associação entre natural e normal, de modo a só tornar inteligível

[9] BUTLER, 2017. p. 144.

[10] RUBIN, 2017, p. 31-32, grifo meu.

a sexualidade voltada à reprodução e, portanto, à manutenção dos laços de parentesco. O sonho de Rubin – "uma sociedade andrógina e sem gênero (mas não sem sexo), na qual a anatomia sexual de uma pessoa seja irrelevante para quem ela é, para o que ela faz, e para com quem ela faz amor" –, de alguma forma ampliado pela filosofia de Judith Butler, poderia ser também o pano de fundo do debate que o filósofo Jacques Derrida estabelece com Heidegger sobre diferenças sexuais.[11] Derrida procura mostrar como Heidegger considerou que a questão das diferenças sexuais deveria ser tratada como antropológica, sociológica ou biológica por não estar "à altura" da diferença ôntico-ontológica. Estaria aqui a última conexão que proponho fazer com a carta de Freud: pensar como a exclusão da homossexualidade é tributária de uma concepção binária das diferenças sexuais. Sigo Derrida nesse questionamento: "não se pode começar a pensar numa diferença sexual (sem negatividade, precisemos) que não seria selada pelo 'dois'?".[12] A provocação me levaria de volta ao sonho de Rubin, também sonhado por Derrida, quando, numa conversa com a teórica feminista Christie V. McDonald, ele pergunta: "Não é impossível que o desejo de uma sexualidade incalculável venha ainda nos proteger, *como um sonho*, contra um implacável destino que em tudo perpetua o número dois?".[13]

Para concluir com um sonho – matéria-prima do trabalho analítico –, gostaria de narrar o meu sonho, o de que numa filosofia política futura possamos trabalhar naquilo que Butler chama de "alianças contingentes" a fim de aproximar pautas antigas

[11] DERRIDA, J. Différence sexuel, différence ontologique (Geschlecht I). In: DERRIDA, J. *Heidegger et la question*. Paris: Champs Flammarion, 1990.

[12] DERRIDA, 1990, p. 172.

[13] DERRIDA, J. Chorégraphies. Entrevista a Christie V. McDonald. In: DERRIDA, J. *Point de suspension: Entretiens*. Paris: Galilée, 1992, p. 115, grifo meu. [Coreografias. Tradução de Tatiana Grenha e Carla Rodrigues, parte do projeto de pesquisa "Contribuições para a recepção da filosofia de Jacques Derrida no Brasil", com apoio do CNPq, em edição.]

– como a descriminalização do aborto e o combate à homofobia, ambas fundamentadas num ideal de natureza que se soma à perspectiva da normalidade – de novos modos de atuação que nos abram uma chance ínfima e radical de viver em um mundo capaz de proteger todas as pessoas que ousam romper com as suposições de natural e normal.[14]

[14] BUTLER, J. *Notes Toward a Performative Theory of Assembly*. Cambridge: Harvard University Press, 2015. [ed. bras. *Corpos em aliança e a política das ruas: notas para uma teoria performativa de assembleia*. Tradução de Fernanda Siqueira Miguens. Revisão técnica de Carla Rodrigues. Rio de Janeiro: Civilização Brasileira, 2018.]

LETRAS

A paixão do real é também
necessariamente a suspeita.
Nada pode atestar que o
real é real, nada a não ser o
sistema de ficção onde ele
virá encenar o papel de real.

ALAIN BADIOU

Gênero é um tipo de imitação
para o qual não existe original.

JUDITH BUTLER

Ernani Chaves

LEODORA

Soure, Ilha do Marajó, 22 de agosto de 2018
Velório de minha mãe

Lieber Sig,

Sim, sei que estou abusando, tentando estabelecer com o senhor uma intimidade que não temos. O certo mesmo seria chamá-lo de "Sehr geehrter Herr Professor Freud". Foi assim que cheguei a sua casa, num já longínquo verão de 1994, querendo chamá-lo apenas de Sig, mas, ao mesmo tempo, sabendo que deveria chamá-lo, no mínimo, de "Professor". Diante de mim, na Berggasse 19, uma escada larga. Era verão, lá fora fazia calor, quase o mesmo calor de minha cidade natal num longínquo país, do outro lado do oceano. Mas um calor seco. A escada diante de mim. Foi quando minhas pernas vacilaram e o vestido começou a pesar. Rendas, babados, se misturavam num vestido longo, até os pés, que escondia as meias, mas deixava à mostra os sapatos delicados, que foram comprados para esta ocasião. Talvez tenha sido o esforço da viagem, o trem lotado – era verão! – e nem consegui alcançar a primeira classe, para onde deveria me dirigir. Nem sequer sentei, ali, em pé, num corredor cheio de gente de olhinhos puxados, asiáticos e asiáticas que chegam a sua Europa, aos montes, nessa época. Talvez tenha sido isso. As pernas vacilavam e o vestido pesava. Ah, também a sombrinha, que trazia para me proteger do sol escaldante, pesava. Com dificuldade, apesar disso, começo a subir. Esqueci de falar dos meus cabelos, em cachos, presos atrás, caídos sobre meu pescoço. Tudo pesava. Todo o meu corpo pesava. A dor no peito, a tosse. Eu ofegava. Fechei os olhos. Peguei um lenço na bolsinha delicada e pequena, para assoar o nariz. O suor escorria. A tosse, mein Gott, que não parava. Fiquei com medo das minhas pernas, dos meus braços, que de vez em quando ficavam totalmente paralisados. Quantas vezes acordei chamando por mamãe para dizer-lhe que não conseguia me levantar, as pernas pesavam, o corpo pesava, o peito doía, a garganta dolorida, explodia durante a tosse. A escada, à minha frente. Minutos, instantes, que pareciam séculos. Tentei subir, segurando com firmeza o vestido, levantando-o um pouco. Afinal de contas, não poderia chegar assim, parecendo uma qualquer. Como aquelas que não devíamos olhar nas ruas, em especial nas noites de inverno, aquelas que, com lábios vermelhos e vestidos que, apesar do frio e do casaco simples, deixavam que partes de seu corpo, do colo, da perna, fossem vistas nas ruas próximas àquelas que brilhavam sob as luzes do Natal e onde fazíamos compras. Nós, as mocinhas de família, que deveríamos casar e ter filhos. Não aquelas. A escada à frente parecia cada vez maior, mais larga. Perguntei-me por que tinha vindo visitá-lo, ou melhor, vindo para esta consulta exatamente com o senhor, se nenhum outro médico famoso conseguia me curar desse peso que se abatia sobre o meu corpo e me tirava as forças. A tosse. Os seios arfando. A tosse. O mundo parecia ruir à minha volta. Pensei que ia cair, pensei que não suportaria aquele peso. Pensei que deveria guardar comigo o meu segredo, de não contá-lo a ninguém, muito menos ao senhor. Faltar-me-ia coragem, tenho certeza, de contar o tormento que era para mim ter de dormir. Vinham os sonhos. Acordava com medo. Vinham os sonhos, acordava chorando, às vezes. Não queria dormir. Como contar que eu temia o anúncio da visita daqueles amigos de minha família. Principalmente, para um desconhecido, cuja fama era de que se tratava de um senhor abelhudo, que desconfiava de que muitas doenças escondiam segredos vergonhosos e inconfessáveis. Segredos que mexiam com as nossa partes íntimas, que nos desnudavam... como se desnudar diante de um estranho? Como se desnudar falando a um estranho dessas coisas, desses segredos? O corpo pesava. A tosse. A sombrinha. A pequena bolsa. Tudo pesava naquela manhã de julho de 1994, às vésperas dos meus 37 anos, o presente que eu havia me dado de aniversário: ir ao teu encontro para, quem sabe, me desnudar diante de ti. Um encontro tantas vezes adiado. Afinal de contas, já fazia algum tempo que eu morava não tão longe de ti e já podia falar contigo, na tua língua. Mas, diante daquela escada... apenas um nome, um nome fictício ressoava aos meus ouvidos, a tosse, o arfar dos seios, braços e pernas muitas vezes adormecidos, apenas um nome me vinha à mente, não, parecia que eu não era eu, eu não era mais eu, mas sim ela, eu era ela, aquela cuja história contastes com muitos detalhes, aquela que te abandonou, que não quis mais saber de ficar ali, deitada no teu divã, dizendo coisas de suas partes íntimas, ao contrário dela, entretanto, eu fui ao teu encontro e no meu corpo onde tudo pesava, eu era ela, eu era "Dora".

Muitos anos depois, mais de vinte anos depois, eis-me novamente debruçado sobre ti, sobre teus escritos, num pequeno *studio*, numa cidade que também amavas tanto. Da minha janela, eu via as torres de Notre Dame, à noite, iluminadas, elas eram incrivelmente belas. O pequeno volume com teus escritos sobre artes e artistas, um laptop, vários livros e alguns papéis jaziam sobre a mesa. Eu precisava traduzir para a minha língua a tua língua. Me dei conta de que passei quase três décadas para aprender a tua língua o suficiente para transformá-la na minha. Novamente, a "Dora" que fui um dia, reaparecia. Adoeci. Garganta, ouvidos, aquelas partes do nosso corpo que pertencem ao ramo dos "otorrinos". Felizmente, a jovem médica que me atendeu num dos centros de saúde da cidade era filha de imigrantes do norte da África e foi muito simpática. A noite avançava e eu não conseguia dormir. Tossia. Apesar do xarope. O peito arfava. E nessa noite insone, pensei no que tinha feito durante o dia, depois que saí da consulta, comprei e tomei os remédios. Sim, eu tinha ido ao Louvre. Eu, tu (desculpem os leitores, mas é assim que se fala na minha região do Brasil) e teu amigo húngaro, Sandor. Fui buscá-los no hotel da rue de Rivoli onde estavam hospedados e fomos juntos ao museu. De repente, apressastes os passos e quase correstes diante de nós pelo amplo corredor e te posicionastes diante de dois quadros. Quando chegamos lá, eu e Sandor, estavas sorrindo olhando para os sorrisos que emanavam das telas, o sorriso de Sant'Anna, a avó de Jesus e o de João Batista, o primo de Jesus. Ficamos ali, eu, mais te olhando do que olhando para os quadros, antes de, juntos, numa sala apinhada de gente, com câmaras fotográficas e muitos "selfies", olharmos para o alto, na direção daquele que é considerado o mais enigmático sorriso da história da arte no Ocidente. Três sorrisos pintados por Leonardo. A tosse, a gripe, o peito arfando, os segredos de nossas partes íntimas, novamente diante de mim, sozinho com Leonardo, Leonardo diante de mim e tu, desnudando Leonardo diante de mim e eu, precisando desnudar Leonardo para o futuro leitor dessa história, em minha língua. Mas, eu não conseguia, apenas tossia, e febril, pensava com saudades em minha mãe, nos cuidados que ela me dispensava quando criança se eu estivesse doente. Minha mãe ainda vivia à época e assim, instintivamente, peguei o telefone e liguei pra ela. Esqueci do fuso horário, todos dormiam em Belém e não falei com ela. Meu editor ia chegar a Paris e eu precisava terminar a tradução. Mas tudo doía e o corpo pesava. Foram quase três dias de gripe, de tosse, a garganta doendo. O "Léo", o "Leozinho" me desafiava com seus olhares enigmáticos, me espreitava dos quatro cantos do quarto, talvez risse de mim. E tu, implacável, o desnudavas diante de mim. Custei a entender que tu me desnudavas diante de mim. Pego novamente o computador e o livro com teu escrito sobre o "Léo" e os coloco ao lado da cama. Ruídos já começavam a chegar da rua, o dia amanhecendo, o caminhão do lixo passado pela estreita rua. Penso, rapidamente, nos belos soldados que faziam a segurança, no final da pequena e estreita rua, em frente à residência de estudantes judeus. Quem estará lá hoje, fazendo a segurança? O branco, de olhos verdes, sarado? Ou aquele, sorridente e simpático que me disse um *bonjour* na semana passada, fazendo meu corpo ser atravessado por faíscas elétricas? Ao acaso, abro teu texto numa página qualquer, uma página onde não havia nenhuma assinalação de minha parte e que, portanto, não havia lido. Com base numa biografia do grande artista renascentista, descreves, rapidamente, o ateliê de Leonardo e, principalmente, Leonardo descendo as escadas (ele morava no andar superior do ateliê), com as roupas que ele mesmo desenhava – Leonardo, poucos sabem, antecipou em muitos séculos a relação entre o desenho, a costura e a confecção de roupas, com a arte – e aí, escreves a palavra fatal: "glänzend", Leornardo descia as escadas "glänzend", imagino-o descendo devagar, de banho tomado, a barba feita, os cabelos bem penteados, o rosto levemente maquiado, quiçá um sorriso enigmático e um olhar levemente belicoso para os belos jovens que, em geral, circulavam pelo seu ateliê. "Glänzend", isto é, brilhante, brilhando, arrasando, gloriosa, majestosa, poderosa, fina, elegantérrima, destruidora, lacradora... e aí meu sorriso se transformou em riso, em gargalhada, o ateliê de Leonardo se transformando numa boate pós-moderna, com música eletrônica, gays de todas as cores e performances, gays de todos os gêneros, rodopiando ao som repetitivo e monocórdico, e, de repente, a música para, as luzes se acendem, a bee apresentadora chama para o palco a grande atração da noite: "com vocês, a maravilhosa, a poderosa, a deslumbrante, vinda diretamente de Milão, aclamada em Paris e em todo o mundo... Léo, a que da Vinci!!!!!!!!!!!".

Lieber Herr Professor, nesse mesmo dia, minha gripe desapareceu e voltei ao trabalho. Quando meu editor chegou a Paris, a primeira versão da tradução já estava pronta. Te escrevo pra te agradecer, porque, depois de ti, pude ser "Dora" e "Leonardo". Posso ser o que eu quiser.

Herzliche Grüsse,
Leodora

Adilson José Moreira

A ANGÚSTIA DE UMA MÃE NEGRA

Rocinha, Rio de Janeiro, 12 de julho de 2018

Caro Dr. Sigmund Freud,

Escrevo ao senhor muitas décadas depois de sua resposta à carta de uma mãe que procurava tratamento para a homossexualidade de seu filho. Tive contato com essa correspondência porque enfrento a mesma angústia; estava procurando informações sobre o significado da homossexualidade. Comecei a me preocupar com isso desde que a possibilidade de meu filho estar interessado em rapazes começou a povoar minha cabeça. É triste perceber que a preocupação daquela mãe ainda nos enche de angústia; tenho muitas preocupações em comum com aquela senhora, porém enfrento problemas que transcendem a questão da orientação sexual. Veja, eu também pensei que a inclinação afetiva do meu filho por pessoas do mesmo sexo fosse algum tipo de disfunção psíquica, motivo pelo qual acreditei que deveria buscar algum tipo de conselho profissional. Também não consigo parar de pensar que ele está em um caminho que muitos pensam ser pecaminoso. Sou uma mulher católica e minha religião condena todo tipo de ato sexual que não envolva um homem e uma mulher dentro do matrimônio. Amo meu filho, mas durante muito tempo sofri com o pensamento de que ele está em um caminho que não corresponde àquele prescrito pelos princípios da minha religião. Mas quero discutir alguns temas antes de falar mais sobre minhas preocupações morais.

Devo dizer que considero sua carta um texto importante para a luta contra os muitos preconceitos contra homossexuais que circulam na nossa sociedade. Eu acreditava em boa parte deles, motivo pelo qual durante muito tempo eu me recusei a considerar a hipótese de que meu filho pudesse ter atração sexual por outros homens, apesar das evidências. Não sei dizer o que me causou mais tristeza, o descobrimento desse fato ou a percepção de que meu filho não corresponde ao que as pessoas falam sobre homens que amam outros homens. Vejo o tempo inteiro que não há nada em comum entre a percepção das pessoas e o que esses indivíduos são, o que me lembra constantemente que meu filho estará sempre exposto à possibilidade de violência. É então reconfortante saber que o senhor não considera a homossexualidade um tipo de anormalidade. Sua menção a figuras históricas que também eram homossexuais mostra que eles são pessoas capazes de atuar de forma competente no espaço público como quaisquer outras pessoas. Meu filho é um rapaz extremamente inteligente. Sei que ele poderia ser uma pessoa extremamente bem-sucedida se ele não estivesse exposto ao preconceito que as pessoas destilam contra os que amam pessoas do mesmo sexo.

Mas preciso ser sincera. Sua fala me trouxe uma felicidade apenas momentânea. Doutor Freud, sou uma mulher negra e sei muito bem que pessoas racistas utilizam estigmas culturais para legitimar uma ordem social baseada na premissa de que homens negros e mulheres negras não são capazes de desempenhar papéis sociais relevantes. Eles acreditam que nós somos pessoas socialmente degradadas, razão pela qual não podemos ter as mesmas chances que eles têm acesso. Minha consciência da forma como o racismo opera na sociedade na qual eu vivo não permite que sua fala me traga a tranquilidade que talvez tenha proporcionado àquela mãe. O senhor está me dizendo que a orientação sexual do meu filho não impede sua realização pessoal, mas creio que sua análise não considera um ponto importante: as pessoas têm uma pluralidade de identidades, uma pluralidade de pertencimentos. O senhor devotou toda sua vida ao estudo sobre aspectos importantes da identidade humana, mas creio que eles não tenham considerado algo decisivo na vida de negros homossexuais: os seres humanos possuem uma série de identidades, razão pela qual eles vivenciam a sexualidade a partir de parâmetros muito distintos. Meu filho não é apenas um homem homossexual. Ele também é um homem negro, ele também é um homem pobre. Estou certa que a carta dirigida ao senhor tenha sido escrita por uma mulher branca de uma classe social superior. Presumo então que seu filho seja um homem branco de classe média ou de classe alta. Meu filho não tem a proteção social que a raça e a classe oferecem a pessoas brancas; talvez o senhor possa ter vislumbrado isso porque também pertencia a uma minoria religiosa muito perseguida no tempo no qual viveu.

Se durante algum tempo a questão da anormalidade do comportamento do meu filho era o motivo principal da minha preocupação, hoje eu fico angustiada com a vida emocional dele. Ele não se culpa por ser homossexual, fato que me deixa atormentada por causa de minhas convicções religiosas. Vejo que sua orientação sexual não parece ser um problema para ele, o mesmo sentimento para a maioria dos jovens dessa geração que são homossexuais. Eles se descobrem homossexuais e já pensam em arrumar um namorado. De qualquer modo, não consigo deixar de notar a tristeza na sua face todas as vezes que ele volta para casa. Pensei durante algum tempo que ela era produto da consciência de que ele estava seguindo um caminho errado, o que me permitiu ter alguma esperança.

Ele não fala nada comigo sobre sua vida íntima, mas sei o que ocorre com ele. Meu desespero quando comecei a pensar na possibilidade de meu filho ser homossexual era tão grande que eu vasculhava suas coisas à procura de algo que confirmasse minha suspeita. Para meu desagrado achei revistas de homens pelados dentro do seu armário. Eu as atirei no chão por causa da minha tristeza. O senhor não pode imaginar a minha frustração. Chorei por mais de meia hora. Peguei as revistas algum tempo depois porque uma lembrança de adolescência me veio à mente. Também colecionava revistas de adolescentes, todas elas com homens brancos nas capas. Eu passei muitos anos de minha vida sonhando com relacionamentos amorosos que nunca ocorreriam em uma sociedade na qual mulheres negras estão longe de ser um par ideal. A presença de homens brancos fortes e másculos fez com que minha angústia ficasse ainda maior. Só então pude ver que a tristeza no olhar do meu filho possivelmente estava relacionada com o fato de que ele está em uma fase na qual todos estão à procura de namoro e ele vive em uma sociedade na qual negros não são parceiros ideais.

O senhor classifica a homossexualidade como uma variação benigna da sexualidade humana. Essa afirmação parece então sugerir que pessoas homossexuais devem procurar e viver relacionamentos como todos os outros seres humanos. Fico pensando se essa possibilidade está aberta ao meu filho. Sou uma mulher negra e sei que a raça é um dos elementos centrais a partir das quais as pessoas vivenciam a sexualidade. Estou inteiramente ciente de que ela é o primeiro elemento que as pessoas usam para escolherem seus parceiros sexuais. Não cultivo ilusões. Estou ciente que as pessoas se apaixonam por símbolos de status social, o que traz uma vantagem tremenda para pessoas brancas porque elas são sempre representadas como os únicos parceiros sexuais aceitáveis. Eu mesma fiz o possível para me casar com um homem de pele clara. Só consegui chamar a atenção de homens negros, mas escolhi o mais claro possível. Sempre fui sexualmente invisível para homens brancos; não poderia ter acesso a homens brancos. As pessoas poderiam pensar que as coisas no meio homossexual poderiam ser diferentes, mas elas estão equivocadas. Eu explico.

Comecei a prestar atenção nos personagens homossexuais que aparecem na televisão. O senhor possivelmente classificaria a visibilidade social dos membros desse grupo como algo positivo, mas eu não penso que isso seja inteiramente positivo. Todos esses homens que aparecem nessas novelas são brancos, todos de classe média, todos parecem homens mesmo, eles parecem ser rapazes de respeito. Eles não se parecem em nada com o meu menino. Além de ser negro, ele é também muito efeminado. Eu tenho que bater boca com meus vizinhos o tempo inteiro por causa da forma como eles o tratam. Mas não quero falar disso agora. Estou convencida que esses homens brancos que aparecem nas novelas conseguem ser aceitos porque são brancos e másculos. Parece que as pessoas acham que a homossexualidade deles é apenas uma excentricidade porque eles são iguais às pessoas heterossexuais em todos os outros aspectos. Eles até querem ter uma família com bebezinhos brancos gordinhos que comem muita coisa que eu não pude dar para o meu filho. Eles fazem questão de dizer que são iguais a todo mundo. E são. São mesmo iguais a todas as pessoas brancas. Essas novelas são um ótimo meio para homossexuais brancos másculos conseguirem respeitabilidade social; os que são efeminados são motivo de piadas. Eles ficam sozinhos ou então fazem o papel de mulher.

Algumas vezes meu filho chega em casa e se senta ao meu lado. Eu o abraço e sinto uma vontade incontrolável de pedir que ele fale sobre a tristeza que vejo nos seus olhos. Sei que ele deve ter sido humilhado pelos seus colegas, sei que ele deve ter ouvido alguma ofensa. Milhares de questões aparecem na minha mente todas as vezes que ele se senta perto de mim à procura de carinho, mas minha principal preocupação agora é sua sobrevivência, sua sobrevivência física e sua sobrevivência profissional. Meu marido passou a vida inteira sendo discriminado no mercado de trabalho; as oportunidades de emprego desapareciam todas das vezes que ele aparecia para preencher uma ficha. O que acontecerá com meu filho? Ele não conseguiria nem mesmo um emprego de segurança como meu esposo sendo tão efeminado. Penso que ele não conseguirá nem mesmo os empregos que sobram para homens pretos. Meu marido pensa que deveríamos ter feito a mesma coisa que meu primo fez. Ele batia muito no filho dele para que ele se comportasse como homem. Ele o obrigava a fazer tudo que homens fazem. O menino chorava muito e até tentou se matar. Ele não deixou de ser homossexual, mas pelo menos ninguém fala que ele gosta de homem e isso o protege muito. A mãe dele ainda fica preocupada se o filho vai voltar para casa porque ela sabe que a morte pelas mãos da polícia pode ocorrer a qualquer momento, mas pelo menos ela não precisa se preocupar se ele vai conseguir trabalho ou não. Eu fico pensando que se meu filho morrer pela mão da polícia a morte dele será muito pior porque ele é uma bicha preta.

Minhas preocupações morais foram sumindo ao longo do tempo. Sentia muito vergonha de todas das pessoas que frequentavam a minha igreja, mas hoje eu vejo que elas não são modelos de solidariedade. Não adianta falar sobre o racismo que sofremos porque elas dizem que conseguiremos tudo se orarmos. Essas mesmas pessoas que estão nos lugares porque são brancas dizem que nossa preocupação com o racismo nos impede de conseguir as coisas. Nunca ouvi uma palavra de encorajamento deles, só percebi olhares condenadores e falas condescendentes de pessoas que estão em uma posição de privilégio. Só consegui ter algumas palavras de pessoas do movimento negro que procuram criar meios de empoderamento de pessoas negras. Sugeri que meu filho entrasse em contato com essas pessoas. Espero que ele possa encontrar meios de ser uma pessoa mais segura. Talvez essa seja uma forma de lutar contra o ódio generalizado que impede sua felicidade.

Uma mãe.

Sarug Dagir

BRINQUEI COM AS PALAVRAS COMO SE FOSSEM CICUTA

Belo Horizonte, Rua Porto 802, 31 de maio de 2018

Prezado Prof. Dr. Freud,

Nesta oportunidade, com ânimo cauto e tímido, quando pego o smartphone no gesto de escrever ao senhor, eu escrevo o que não saberia confiar a ninguém! Vocifero uma parrésia, um dizer verdadeiro! Por isso a dificuldade em começar esta carta. Por favor, leia-me como uma indulgência! Fico comovida ao rever que o senhor escrevia de próprio punho, velho costume que se perdeu nesta nova era tecnológica. Assim, ainda posso sentir a pulsação de sua letra, a força da sua grafia, a vibração de sua carne. Sem dúvida é um tipo de carta mais intensa, mais arriscada, mais verdadeira. Hoje não usamos nem mesmo cartas, mas apenas mensagens eletrônicas.

Nós sabemos todos muito bem que a palavra existe em nós, fora de qualquer troca, fora das coisas e até fora de nós. Sim, o senhor tem razão, eu evitei tal termo. Talvez porque essa palavra lembra, anuncia e transmite a ideia de quem meu filho era. Evitei-a e ainda a evito, considero-a um epíteto por demais escandaloso. Detesto todas essas palavras do preconceito corrupto, comumente legitimado contra as pessoas LGBTIQ+.

Refiro-me a meu filho no passado porque não faz muito tempo que ele se suicidou. Hoje me questiono sobre o seu comportamento real e a sua atitude emocional frente as suas escolhas amorosas. É curioso, pois, quando fecho os olhos e me lembro dele, me vem a imagem de alguém que combinava elementos masculinos e femininos tanto no corpo quanto na alma, e isso, ao contrário de "simbolizar a perfeição divina", pelo contrário, muitas vezes o fez "abjeto" e motivo de escárnio. Como mãe eu queria salvá-lo das calúnias e dos juízos maus! Hoje choro sua prematura morte e essas lágrimas são como um panegírico que o busca com asas afáveis, porém rompentes, como a Pietá descida ao túmulo. Por que motivo nós veríamos aparecer as flores pela força da primavera, se não fosse o desejo de toda mãe proteger seu filho contra a homofobia? Teria sido meu filho infeliz, neurótico, acossado por conflitos? Eu não sei, mas eu sei que a psicanálise poderia conduzi-lo a sofrer menos.

A hagiografia que ora lhe escrevo, Prof. Freud, traz a visão do meu filho quase mística, talvez apofântica, como a do *Corpus Christi* no momento da elevação. Pois esta carta tem o gemido do mar, que parece a voz mesma da noite, como se o tempo tivesse uma única voz e a fizesse ouvir num só ponto da Terra: aqui, no espaço destas páginas, edificadas à maneira das lápides do Cemitério do Bonfim.

A justeza dos seus pensamentos, estimado Prof. Freud, sabe reunir alma e ciência, correção e sentimento. Os livros que busquei ler não foram os de Havelock Ellis, como o senhor me indicou, mas os seus próprios. E a impressão que eles me causaram ultrapassou tudo o que eu esperava. Primeiro a intensa doçura nas suas palavras, que se alia a tanta potência. Senti nos seus textos a simpatia por toda a humanidade, que o senhor soube compreender e de que somos só um imperceptível pedaço.

É aqui, nestas águas que desenho, que me vêm todas estas reflexões entre palavras de flores movediças. Pois seguramente "é bom ir às fontes virgens e beber, é bom colher flores desconhecidas e com elas trançar para nossas frontes coroas insignes, as quais nunca a ninguém as puseram as Musas". Então, dominada por esta febre de amor por meu filho e pelo meu delírio, concateno todas essas palavras caprichosas que me empolgam a imaginação. Quando penso desatinadamente que fora a homofobia a causa da morte de meu filho e, mesmo sabendo que a sua orientação sexual não era motivo de vergonha, nem considerada vício, nem degradação e nem mesmo doença, eu me pergunto por que o amor entre rapazes ainda hoje, século XXI, não tem a felicidade de um prazer sem julgamento? Mas o que é mesmo o verdadeiro amor? Serão Platão, Plotino, Sêneca, Plínio, Epicuro os mestres a nos ensinar? Ou perguntemos aos mortos sobre o amor, a fim de retirar-lhes essa verdade? Será o amor como Sakti, que dorme sob a forma de serpente (kundalini) na base de um tronco? As mudanças sociais não ocorrem de imediato, mas sofrem a influência de uma participação humana ativa para encontrar novos caminhos, porque acredito que cada um pode construir o novo a partir do lugar onde se encontra. Pois "o amor é, em suma, o desejo de possuir perpetuamente o bem". É o senhor, Dr. Freud, nosso pedagogo de uma satisfação libidinal mais satisfatória? As impressões que as nossas telenovelas e seriados hollywoodianos trazem sobre a maneira como os neuróticos de hoje se comportam em relação ao sexo não nos habilitam a reivindicar direitos de posse sobre nosso desejo. E sobre o amor entre rapazes, seria esse, de fato, o verdadeiro amor?

Permita-me passar da Web (Internet) para a vida real para tentar responder a essa pergunta. Quiçá essa sociedade em rede com sintomas do tipo condominial, que mostra modalidades de sofrimento tais como isolamento, solidão, esvaziamento e exclusão, além de formas de mal-estar como o sentimento paranoico de rapto do gozo pelo vizinho, de angústia transformada em compulsão legislativa e conversões articuladas entre insegurança e violência, garantisse a graça de que o nosso mundo moral comum subsistisse aquém dos preconceitos farpados da homofobia! Quiçá eu olhe para o céu e pense que talvez eu veja meu filho! E, então, falaríamos de coisas das quais não se costumam falar entre os vivos. Meu filho, Dr. Freud, foi como Macunaíma, herói de nossa gente! Podia ser menino e menina! Ultrapassando as sinuosas montanhas das Minas, a liberdade que tarda, olhou-me inerte, pois, confesso, ando carregando entre as mãos a única lembrança da minha criança, como se nosso amor fosse um recém-nascido que precisasse de cuidados e atenção constante. Os seres queridos formam nosso patrimônio íntimo, são uma parte de nosso Eu, não é mesmo Dr. Freud?

Meu filho não pode, mas eu mesma me submeti a uma análise de vários anos, e compreendo o que o senhor diz, Prof. Freud. Realizar uma análise é como uma espécie de prática fervente. Faz-nos cair num paroxismo de atividade, desses que nos revelam a presença de novos objetivos em nossa vida. Na oscilação transferencial, como numa alucinação jocosa, eu brinquei com as palavras como se elas fossem cicuta para, então, extrair delas seus verdadeiros efeitos terapêuticos. A minha experiência analítica fez meu corpo despedaçar e espalhar os membros por variados sítios do campo formoso, onde, *a posteriori*, pude encontrar várias sepulturas. Travessia difícil, lancinante e muito penosa! Assim, entrevejo, escrevendo para o senhor agora, Dr. Freud, que há poucos temas como o da homofobia que convenham tão bem aos homens dos dias de hoje. Visto que os gregos já não são os guerreiros e amantes de outrora! Assim, entre sôfregas respirações e súbitas paradas, escrevo esta carta e defenestro, jogo pela janela, todas as incertezas. Reconheço que meu filho estava longe das regras da heteronormatividade, ele se apresentava como um espírito singularmente ginandro. Não por impudor, mas por ter sido de alma forte, de caráter viril, de coragem máscula.

A bissexualidade se ordena entre os prestígios da divindade. Na Antiguidade julgava-se o rito dos rapazes se vestirem como mulher como sinônimo de juventude, de vigor, de perenidade, representando a própria saúde do ser humano. Nas teogonias gregas mais antigas os seres divinos eram andróginos. Quando meu filho se encontrava na cidade de um belo horizonte e usava uma barba postiça num tipo de disfarce intersexual, a um modo de ser transumano, transexual, eu aprendia a amá-lo ainda mais. Agora, com a morte do meu filho, eu gostaria de modelar o ferimento de que são feitos os homens, mantendo-lhes puros os corações. Meu filho foi uma exceção da qual me glorifico. Desse modo, me foi dado a conhecer, sendo mãe, íntima e profundamente todas as aptidões e todos os segredos do seu caráter. Conheço o segredo de sua força e a medida de sua fraqueza. Isso ainda hoje me surpreende e faz crescer a minha audácia, então, eu subverto o sexo do meu corpo para viver *in concreto* sob a égide da totalização dos contrários. Pois a imagem de um hermafrodito pode evocar as paixões do mundo inteiro! Assim, a leitura desta carta desvela a pessoa que sou: serei eu uma mãe com pênis? Sou eu esse ser de mistério? Somos todos nós quimeras, híbridos de máquina e organismo, porque o ciborgue é nossa nova ontologia!

Saiba, querido Prof. Freud, que esta carta nasceu como hermafrodito. Escrita que incorre da mesma luta que a ninfa Salmacis gozou com o belo jovem efebo criado pelas náiades nas grutas do Ida. Neste dia em que te escrevo tudo é beleza e força! E eu passarei a viver para o trabalho novo em curso e, então, a letra vira vida, a letra vira mãe.

Esta carta é eivada de afeição, de admiração e respeito, como o árabe escuro de meu sonho.

Digne-se o senhor a aceitar a homenagem da mais profunda veneração,

de Sarug Dagir

Richard Miskolci

MY MOTHER IS NOT A BAD PERSON

[Resposta ficcional, seguida da tradução]

Dear Dr. Freud,

Thank you so much for your kind answer to my distraught letter.

I could not use the word just as I could not use my own name. The idea of facing such a fact frightens me. I am no highly respectable individual such as those you mentioned, just an ordinary man who never expected to be anything other than a normal person.

The hope of a therapy gave me the courage to write to you. Despite the fact I wrote the letter as if I were my mother, I must say it took me quite a bit of effort to do so. As the wise man you are, I believe somehow – maybe because of my handwriting - you noticed that it was in fact not a mother writing in the hope of helping her son, but rather the son himself disguised as a despairing mother. Some people say that a homosexual son identifies with the mother rather than the father, and this may be my case.

I felt in your final words that you really expected me to write back. It was some consolation to me to believe you perceived the despair in between the fictitious lines of an imaginary mother who had turned to the most well known specialist of her day in search of a cure for her beloved son. Her letter was false, but not so the mixture of despair and hope in her inquiry.

My mother is not a bad person and probably knows what I am, yet we never have never broached the subject, and never will. I cannot blame her for not knowing how to address an issue that she fears could make me suffer even more were it to be mentioned. Somehow she knows, and tries to accept it in her own silent way. She would never write to you as I did. Yet if she did so and were to receive your answer, no doubt she would not reciprocate, but rather burn your response as if it had never existed.

My father's attitude is worse, in his discreet reprobation of my behavior and the way he pretends to overlook every sign that could bring this familiar ghost into the light. He knows what is happening and hates it, tries to keep me at a safe distance in order to avoid having to deal with something that would force him to deny me forever.

It is in this limbo that I live. Neither of my parents directly acknowledges that I am someone whom most people would consider abnormal. We live together in a cove of solitude, exchanging measured affection and trying to avoid facing that which would only tear us apart.

If treatment can help me to at least feel better about myself, as you suggest, then I will search for it, but here in the United States. I cannot imagine finding an excuse to travel to Vienna. Notwithstanding my sorrow, I feel attached to my parents and responsible for them. All the more so because I will not marry nor give them a grandson, something that I can compensate only by providing them with my company as time begins to take its toll on them.

Perhaps this is merely the excuse I have invented for myself, for not leaving everything behind and heading towards Europe in search of treatment, of a cure, of different life prospects. I wonder if treatment could really help me or merely relieve the pain of already knowing how I will finish my days. But that is something that a generous heart such as yours would not allow you to answer.

Yours truly,
Sebastian

Richard Miskolci

MINHA MÃE NÃO É MÁ PESSOA

Caro Dr. Freud,

Muito obrigado pela gentil resposta à minha carta intranquila.

Eu não poderia usar o termo, assim como não poderia usar meu próprio nome. A ideia de encarar tal fato me aterroriza. Não sou um indivíduo altamente respeitável como aqueles que o senhor menciona, sou apenas um homem comum, que nunca almejou ser nada além de uma pessoa normal.

A esperança de uma terapia me deu a coragem para escrever ao senhor. Apesar de ter escrito a carta como se fosse a minha mãe, devo dizer que foi preciso bastante esforço para consegui-lo. Homem sábio que é, acredito que de alguma maneira – talvez pela minha caligrafia – o senhor tenha notado que na verdade não era uma mãe que escrevia na esperança de ajudar o filho, mas sim o próprio filho disfarçado de mãe desesperada. Algumas pessoas dizem que um filho homossexual se identifica mais com a mãe do que com o pai, e talvez seja esse o caso.

Senti em suas palavras finais que o senhor esperava que eu escrevesse de volta. Foi um consolo para mim acreditar que tenha percebido o desespero em meio às linhas fictícias de uma mãe imaginária que recorrera ao mais conhecido especialista de seu tempo em busca de uma cura para seu amado filho. A carta dela era falsa, mas o misto de desespero e esperança em sua indagação, não.

Minha mãe não é uma pessoa ruim e provavelmente sabe o que sou. Ainda assim, jamais abordamos o assunto, e jamais o abordaremos. Não posso culpá-la por não saber como tratar de um assunto que, ela teme, poderia me fazer sofrer ainda mais se fosse mencionado. De alguma maneira ela sabe, e tenta aceitar, do seu jeito, silenciosamente. Ela jamais escreveria ao senhor como fiz. Mas se o fizesse e recebesse sua resposta, não tenho dúvidas de que ela não o responderia, em vez disso, queimaria sua resposta como se ela nunca tivesse existido.

A postura de meu pai é pior, em sua discreta reprovação de meu comportamento e na maneira como ele finge ignorar qualquer sinal que pudesse trazer à luz esse fantasma familiar. Ele sabe o que está acontecendo e odeia, tenta me manter a uma distância segura para não ter de lidar com algo que o forçaria a me renegar para sempre.

É nesse limbo que vivo. Meus pais não reconhecem explicitamente que sou alguém que a maioria das pessoas consideraria anormal. Vivemos juntos em um recanto de solidão, manifestando um afeto comedido e tentando evitar encarar aquilo que apenas nos afastaria.

Se o tratamento pode me ajudar a pelo menos me sentir melhor com relação a quem sou, como o senhor sugere, então vou procurá-lo, mas aqui nos Estados Unidos. Não consigo imaginar que desculpa daria para ir até Viena. Não obstante minha tristeza, sinto-me ligado a meus pais e responsável por eles. Tanto mais porque não darei a eles um neto, algo que somente posso compensar dando-lhes minha companhia à medida que o tempo se impuser sobre eles.

Talvez essa seja apenas a desculpa que inventei para mim mesmo, para não deixar tudo para trás e partir rumo à Europa em busca de tratamento, de uma cura, de diferentes perspectivas de vida. Pergunto-me se um tratamento realmente me ajudaria ou apenas aliviaria a dor de já saber como terminarei meus dias. Mas isso é algo que um coração generoso como o do senhor não o permitiria responder.

Atenciosamente,
Sebastian

CURTO-CIRCUITO

Ficção é a verdade
dentro da mentira.

STEPHEN KING

Antonio Quinet

CARTA DE FREUD E RESPOSTA

[Resposta ficcional] Viena, 18 de maio de 1935

Prezada senhora,

Recebi com muita satisfação a carta que a senhora me enviou.[1] Vejo que a senhora entendeu as razões que coloquei para tentar dissuadi-la de trazer seu filho para se analisar comigo em Viena. As perguntas que a senhora coloca me dão a oportunidade em breves linhas de expor as minhas descobertas em relação à homossexualidade para a senhora e para seu filho.

---

[1] *Nova York, 1º de maio de 1935*

Prezado Dr. Freud,

Sinto-me extremamente honrada e infinitamente agradecida pela carta que o senhor se deu ao trabalho de me enviar. Li e reli várias vezes seu conteúdo e cada palavra me é extremamente preciosa. Eu a mostrei ao meu filho e para ele só a leitura dessa carta em que ele pode depreender o que o senhor aí escreveu já teve um efeito extremamente benéfico e de grande alívio. Ficou muito feliz em saber, vindo do senhor, que a homossexualidade não é uma doença e que ele não teria nada que se envergonhar dela. Mas ele teria o interesse em se aprofundar no assunto, assim como eu, e tentar entender como é que se deu essa inclinação dele para o mesmo sexo. Sei que não é uma anormalidade patológica, mas seria possível dizer que a educação dele teve alguma influência nessa tendência? Esse único filho veio a responder a uma longa expectativa minha e de meu marido em termos uma descendência. Depois de muitos anos tentando engravidar e ter tido vários abortos sucessivos, veio esse meu querido filho que agora na adolescência sofre tanto com suas tendências homossexuais e atração pelo mesmo sexo. O senhor poderia dar alguma luz? O conflito dele foi bastante atenuado, ele continua sofrendo, mas agora com menos intensidade e com muito interesse em entender melhor a sua sexualidade

A vida sexual de cada ser humano não resulta da educação nem da influência direta do comportamento dos pais. Ela é o resultado da combinatória de três fatores: as características sexuais físicas, as características sexuais mentais (a posição subjetiva sexuada) e a escolha de objeto sexual (homem ou mulher).[2] Essa mescla de fatores é imprevisível. A primeira característica diz respeito à anatomia, ou seja, o físico determinado por sua genética (XX ou XY). Essa anatomia não determina em absoluto nem a posição subjetiva e muito menos sua escolha de parceiro sexual. A posição subjetiva (feminina ou masculina) tampouco determina se o parceiro é homem ou mulher. Assim, um homem com posição masculina pode desejar um homem; um homem com posição feminina pode desejar mulheres. Todos os casos são possíveis: mulher com posição feminina desejando mulheres, mulher com posição masculina desejando homem etc. Nenhuma posição dessas pode ser dita anormal. São os fatores culturais e os preconceitos que fixam os padrões sexuais de uma época e uma determinada sociedade.

Minha expressão, paráfrase de Napoleão, *A anatomia é o destino*, foi mal interpretada por diversos psicanalistas. Ela se refere ao real do corpo. O real da anatomia não impede que homens e mulheres tenham dúvidas e se perguntem sobre sua masculinidade e sua feminilidade. A ereção e a detumescência, assim como a ejaculação para uns e a menarca, a menstruação, a menopausa e a gravidez para outros são signos do real que a anatomia sexual impõe ao corpo. Devido à desnaturalização provocada pela entrada na linguagem, esses signos nem de longe são a garantia de nada em relação à sexualidade.

---

e suas inclinações inclusive por profissões que não estão muito de acordo com o nosso padrão familiar. O senhor tem razão, seria um esforço muito grande da nossa parte sair dos Estados Unidos e ir para Viena por um período indeterminado para que ele possa fazer análise com o senhor. Talvez não seja necessário, mas a vontade de saber e conhecer melhor as determinações dessa tendência sexual permanece bastante viva para ele e também para mim.

Aguardando sua resposta, cordialmente

Sra. X

[2] FREUD, S. A psicogênese de um caso de homossexualidade numa mulher. In: FREUD, S. *Obras completas*. Rio de Janeiro: Imago, 1970. v. XVIII, p. 182.

Ser macho ou fêmea é da ordem do real já dado. Ser homem ou mulher é uma escolha inconsciente baseada na economia libidinal de cada um. Para ser mais correto, deveria dizer à senhora e a seu filho que todos nós somos inconscientemente bissexuais – o que não significa que todos praticamos indistintamente o sexo com homens e mulheres. A bissexualidade humana é inerente a todos devido ao complexo de Édipo completo: todos em algum dia desejamos a mãe e quisemos eliminar o pai, como também desejamos ser objeto do pai e eliminar a mãe. Ninguém é apenas homem ou mulher, mas ambos. A proporção de masculinidade e feminilidade flutua de indivíduo para indivíduo.

Ser homo ou heterossexual também é uma escolha determinada pelo Inconsciente e pelas vicissitudes do complexo de Édipo. Através das normas sociais, a sociedade impõe um ordenamento cultural de como se portar na sociedade – e na relação com o outro – como homem e como mulher. Aos meninos, os carrinhos, às meninas, as bonecas. A cultura tampouco determina a posição subjetiva sexuada e muito menos define com que tipo de parceiro cada um encontra prazer sexual. Isso é o que designei "escolha de objeto".

Em minha experiência clínica como psicanalista, encontrei a homossexualidade como prática sexual em todas as estruturas clínicas conhecidas: na neurose (histeria, obsessão, fobia), na psicose (esquizofrenia, paranoia, melancolia) e na perversão (voyeurismo, fetichismo, sadismo, masoquismo etc.). A homossexualidade como prática sexual não é, portanto, um sintoma neurótico, não é uma perversão e nem é indício de loucura. A homossexualidade é transestrutural e pode ser uma escolha sexual de qualquer pessoa. Aliás, todos nós um dia tivemos uma escolha homossexual que fica registrada no Inconsciente. Em termos de prática sexual, ela é uma escolha libidinal do sujeito que se encontra em neuróticos, perversos e psicóticos. Por outro lado, em todos os grandes casos de análise que publiquei, encontrei algum tipo de homossexualidade sem que esta seja propriamente uma prática sexual: na histeria de Dora, na fobia de Hans, na esquizofrenia-paranoide de Schreber, na paranoia do Homem dos lobos, na neurose obsessiva do Homem dos Ratos e na vida sexual da jovem homossexual.

As homossexualidades são tão diversas que podemos encontrar efetivamente diferentes concepções de sua etiologia. Posso listar para a senhora algumas teorias sobre a homossexualidade masculina que pude elaborar a partir de minha experiência clínica na análise de homens de diversas idades além do estudo de casos de homens célebres.

- Predomínio da teoria infantil de que todos os seres são providos de pênis, a começar pela mãe, gerando o "conceito mulher com pênis", o que geraria a obrigatoriedade de o parceiro sexual ser portador de pênis.[3] Seus parceiros "lembram uma mulher" devido a características físicas e mentais.
- O horror dos genitais femininos ligado ao complexo de castração de que "são encarados como um órgão mutilado e trazem à lembrança aquela ameaça despertando assim o horror, em vez do prazer, no homossexual". Assim, o sujeito masculino procuraria parceiros com pênis para não se depararem com esse horror da (angústia de) castração.
- Os homossexuais estão permanentemente fixados em um ponto de desenvolvimento entre o autoerotismo e o amor objetal. Esse ponto é mais próximo do autoerotismo.[4]
- Os homossexuais têm um grande apego ao pênis. "Na verdade, é a alta estima sentida pelo homossexual pelo órgão masculino que decide seu destino".[5] Ele escolhe as mulheres como objeto sexual até elas o decepcionarem com a ausência do pênis.
- A ligação erótica e intensa com a mãe durante a infância que é encorajada pela mãe e reforçada pelo papel secundário desempenhado pelo pai ou por sua ausência. "Na verdade, parece que a presença de um pai forte asseguraria, no filho, a escolha

---

[3] FREUD, S. Sobre as teorias sexuais das crianças. In: FREUD, 1970, v. IX, p. 196.

[4] FREUD, S. Análise de uma fobia em um menino de cinco anos. In: FREUD, 1970, v. X, p. 101.

[5] FREUD, 1970, v. X, p. 101.

correta de objeto, ou seja, uma pessoa do sexo oposto".[6] O sujeito permanece fixado à imagem da mãe e inconscientemente amando-a. O amor é mantido recalcado e ele escolhe os rapazes para permanecer fiel à mãe. Foi o que encontrei, no caso de Leonardo da Vinci, mas não pretendo generalizar essa teoria, nem qualquer outra teoria para todos os casos.

- O modelo da escolha de objeto não é a mãe, mas o próprio eu.[7] O sujeito escolhe objetos parecidos com ele quando criança amando-o como sua mãe o amou. "Uma intensa fixação ao tipo narcísico da escolha objetal deve ser incluída na predisposição ao homossexualismo manifesta".[8] A escolha de objeto homossexual situa-se, assim, originalmente mais próxima do narcisismo do que a escolha heterossexual.
- Em grande quantidade de casos, após a fase de imensa fixação em sua mãe, no sentido do Complexo de Édipo, o jovem não abandona a mãe, mas identifica-se com ela e nela procura objetos semelhantes a ele, a quem dedicará amor igual ao que recebeu de sua mãe.[9] Isso permite que o filho seja fiel à mãe.[10] A identificação com a mãe é a prova da fidelidade de seu amor.
- Outra teoria sobre a causa da escolha de objeto homossexual é a alta consideração pelo pai ou o medo deste, levando à renúncia de entrar em rivalidade com ele.[11] Essa teoria é baseada no complexo de castração, na qual o medo da castração se manifesta como punição de perder o pai. Aqui a escolha do objeto sexual não passa pela mãe.
- Outra teoria ainda que encontrei na clínica como origem da homossexualidade masculina é o amor pelo rival: a rivalidade

---

6 FREUD, S. Leonardo Da Vinci e uma lembrança de sua infância. In: FREUD, 1970, v. XI, p. 16.

7 FREUD, S. Sobre o narcisismo: uma introdução. In: FREUD, 1970, v. XIV, p. 94.

8 FREUD, S. Conferências introdutórias sobre psicanálise. In: FREUD, 1970, v. XVI, p. 427.

9 FREUD, S. Psicologia de grupo e análise do eu. In: FREUD, 1970, v. XVIII, p. 118.

10 FREUD, S. Alguns mecanismos neuróticos no ciúme, na paranoia e na homossexualidade. In: FREUD, 1970, v. XVIII, p. 245.

11 FREUD, 1970, v. XVIII, p. 245.

> é superada, a agressividade é recalcada e o amor advém. É frequente se encontrar na história desses homossexuais o elogio da mãe a outro rapaz que se estabelece assim como um modelo. A escolha narcísica de objeto é estimulada e, após um período de ciúmes, o rival se torna objeto de amor. São casos em que a homossexualidade não exclui a heterossexualidade – isso se não houver o *horror feminino*.[12]

Enfim, para finalizar, retomo aqui o que escrevi em meu estudo autobiográfico. A homossexualidade pode ser remetida à bissexualidade constitucional de todos os seres humanos e aos efeitos secundários da primazia fálica. Na verdade, podemos encontrar um vestígio de uma escolha homossexual em todos os indivíduos.[13]

Podemos concluir, como vocês podem observar – tanto a senhora quanto seu filho –, cada caso de homossexualidade masculina terá sua teoria própria a ser construída a partir de sua própria análise, pois qualquer universalização do desejo sexual é impossível. Isso vale também para os sujeitos heterossexuais, cuja escolha exclusiva de um só sexo em seus parceiros sexuais também merece explicação. Dito isso, prezado rapaz, o tratamento psicanalítico poderá lhe trazer a elucidação de sua sexualidade caso um dia você realmente se decida a empreendê-lo. Mas o faça só se realmente estiver sofrendo por esse ou por outro motivo.

As descobertas da psicanálise não foram feitas para ficarem restritas a um número pequeno de "iniciados". Eis por que decidi comunicar à senhora e a você, meu jovem rapaz, que manifestaram interesse por nossa nova disciplina. Espero poder tê-los ajudado e caso achem interessante ou necessário, peço-lhes para passar adiante essas informações para ajudar no combate ao preconceito em relação aos homossexuais em seu país e que eles possam, assim com os heterossexuais em sofrimento, caso sintam necessidade, um dia recorrerem ao tratamento psicanalítico.

---

[12] FREUD, S. Alguns mecanismos neuróticos no ciúme, na paranoia e na homossexualidade. In: FREUD, 1970, v. XVIII, p. 246-247.

[13] FREUD, S. Um estudo autobiográfico. In: FREUD, 1970, v. XX, p. 43.

Fernanda Otoni Brisset

UMA CARTA CANÇÃO

Caro S. Freud

Protegia-me à sombra. Uma xícara de café e jornal.

Um cruzeiro de dois dias entre Los Angeles e San Francisco fora o pretexto criado pelos meus para comemorar as dezenas de anos que há muito deixei de contar. Do outro lado da piscina era possível alongar meu olhar sobre as formas femininas que ao sol se ofereciam enquanto chapéu e livro lhe cobriam o rosto. Algo de familiar naquele cenário insistia em reter acesas minhas retinas já alquebradas.

Quando ela passou por mim, meu olhar interessado interrompeu sua marcha. Com a gentileza dispensada às pessoas mais velhas, ela se detém. Brilha aos meus olhos a assinatura na capa vinho-bordeaux que carregava. Como esquecer tal letra? O abismo do tempo se abre e evanesce. O livro ganha as minhas mãos. Ela fala de sua relação com o autor. Em síntese: uma lacaniana de férias, lendo Freud ao descansar.

Era uma edição em português. Ilegível!, não fosse a caligrafia estampada na capa e a fotografia de uma carta guardada em seu interior. Eu a reconhecia! Muito jovem eu escrevi ao senhor, doutor Sigmund Freud. Foi num instante atrevido de angústia. Apesar de meus esforços em represar em zona de penumbra o que lhe contei, era impossível silenciá-lo. Despertava-me às noites. Escrever foi uma saída. Um viés para fazer falar o que se instalava como incontornável em meu destino.

Agora, mais uma vez, em meu corpo algo se ativa. O mesmo que se continha entre aquelas linhas. Uma carta sempre chega ao seu destinatário? É verdade. Estava em minhas mãos, outra vez.

Escrevo-lhe, enfim!

Começo por confessar que, às escondidas, eu lia *As canções de Bilitis*, de Pierre Louÿs. Bem guardado, é claro, por sob os lençóis. Não passava um dia sem que eu as visitasse, durante as noites intensas de minha adolescência. Porém, pouco antes de lhe endereçar aquela carta, soube que aqueles poemas foram escritos por uma poetisa grega, uma cortesã contemporânea de Safo. Não eram da autoria de Louÿs. Ele os traduziu e publicou como se fossem seus. O avesso também acontece!

E agora? Sem poder esconder-me nos extravios da juventude, vejo que d'isso eu só falo de viés. Fogem-me as palavras para costurar as lembranças, suas vagas e o soído das canções em meu corpo.

O senhor nomeou de homossexualidade a causa de minhas preocupações. Agradeço a indicação da obra de Havelock Ellis, não o tinha lido ainda. Conheci o termo "homossexualidade" através do livro de Edward Carpenter – *The Intermediate Sex: A Study of Some Transitional Types of Men and Women* –, que eu li na biblioteca pública da minha cidade, no inverno de 1934/35, quando eu devorava tudo que pudesse esclarecer a perturbação que transbordava de minhas entranhas e pensamentos.

Encontrar uma definição para nomear o que estava acontecendo seria uma solução? Talvez sim, o senhor tem razão. A minha angústia advinha, fundamentalmente, do caráter indefinido da busca pela satisfação daquele jovem corpo. Não havia formalidade moral, educação ou ensino da tradição que o contivesse. Eu queria sossegar o desvario que se escrevia nas páginas daquele diário. Desejar o mesmo sexo ou um outro figurava ali como apenas mais um detalhe daquele cenário libidinal aberto ao infinito. Sem saber como o conter, perguntava-me, obcecadamente: haveria uma forma de defesa contra esse forasteiro habitual e freneticamente determinado a realizar o sequestro do corpo e o fazer se abandonar sem a memória das exigências da vida que seguia lá fora? O que naquele diário se confessava comungaria da mesma substância que ativava a pluma de Gide, Louÿs, Aragon e Duras? Não é o mesmo que se passa com *O imoralista*, por *A porta estreita*? Entre *A cabeleira* durante *As canções de Bilitis*? O que levantava o véu do pudor em Aragon nos metrôs de Paris? E atravessava a menina de chapéu e sapato de lamê ao ver H. Lagonelle ou ao se deixar mastigar pelo seu chinês, *O amante*? Como tratar essa coisa louca e indefinível? O termo "homossexualidade" parecia-me à época, e ainda hoje, pouco expressivo para dar conta de definir tamanha intensidade.

Qual destino, então, dar a isso que ali se escreveu?

> Eu, que ainda não pude escrever ou dizer a frase que me mostrasse inteira,
> Levanto minha saia e mostro, quando ele volta do banheiro,
> essa inesperada entrega depois de me aferrar e resistir por tanto tempo.
> Não, não foi o vinho, nem o violão, nem o poema;
> foi antes uma imperativa abertura que irrompeu em cheiro e carne.
> Antes de mim, antes dele, mas presente aqui
> nesse gesto tão vivo quanto simples e duro.

Quem escreve? Um homossexual, um heterossexual, uma travesti? Um poeta… podia ser eu! Ou qualquer ser que se autorize da escrita d'isso que não se mostra inteiramente, mas se experimenta simplesmente, intensamente, de passagem pelas cavas secretas do corpo desde o subúrbio de sua existência, insondável e inconfessável.

Saber quem escreveu aquele diário não resolveria o x da questão. Eu queria era saber o que era isso que se passava com aquele que chamei de meu filho. Sua carta me esclareceu! A manifestação dessa coisa em si, indefinida e constante, não é razão para vergonha ou sinal de doença. Quando lhe escrevi, eu já pressentia seu caráter incurável. Um alívio, não era um verme maligno! O que se mostrava dizia, então, da atividade de um germe presente em todos nós, em cada ser sexuado, seja ele homossexual, heterossexual ou qualquer outro. A forma como se desenvolve, se inibe, se desloca, se mascara, se debilita ou desabrocha é o que faz advir em cada um o seu modo de ser, de amar e de gozar.

O senhor o soube ler ali. Restou-me consentir com a simples e iniludível existência da vida que se ativa desde as tripas. Uma vida erótica! A marca desse germe perdura como uma autorização. O que desse encontro se escreve anima em cada um sua responsabilidade por seu modo de ser e viver. Uma assinatura.

Já não sei se li, pensei, sonhei, vi ou vivi o que relatei ao senhor. Mas isso pouco importa. Sua carta elucidou o que estava em jogo naquela cena, naquele tempo. O germe! Isso germina em mim, em ti e em mais alguns outros... um germinar infinito. Será isso o que Lacan nomeou como um outro gozo, o feminino? Gosto da ideia! Ela parece localizar, se aproximar dessa coisa furtiva que escorre pelas cavidades impalpáveis do meu ser, mesmo quando durmo. Um gozo que não se contém, ainda que se sossegue, às vezes. Não falo do gozo enquadrado nas formas instituídas. O que não falo acontece sem soltar uma palavra. Desliza em desdobradas formas, inquieto e incabível.

Pude ler outros textos de Lacan. Ele constatou que só há gozo do corpo próprio e de suas fantasias. A ideia de que poderia haver um gozar do corpo do outro deu lugar a uma farta mitologia do par perfeito, como sublinhou Jacques-Alain Miller. Ou seja, onde se supunha uma correspondência entre os gozos e o amor, a relação não existe. Essa leitura também me alivia. Minha aflição, quando lhe escrevi, sofria do contágio dessa ilusão.

Sua carta abriu-me um caminho surpreendente. Eu o vivi de forma intensa, não toda pública. O germe em mim ativado também se desdobrou em uma causa. Fui ativista junto com Harry durante certo período e depois, sempre em reserva, aqui e ali, fui buscando arejar os canteiros para que o germinar seguisse sua forma sem precedentes, em cada um. Às vezes só ou ao lado do Harry e de tantos outros. Entregar a cada um o direito de falar, cantar e ouvir a canção, sempre de autoria irredutível e inominável, orientou a minha existência. Afinal, se uma canção toca um corpo e o faz suspender sua defesa contra o infinito, como saber o que ali é de Bilitis ou de Louÿs?

Por que não respondi a sua carta? Talvez para perdurar o infinito que ela me abriu, não precipitar um ponto final. Sei lá... Ao sorver a lembrança em pó daquela folha amarelada, algo em mim se ativava, sempre. Mesmo agora, me relança à vida e a faz vibrar, outra vez.

Hoje, meus filhos e netos festejam comigo meus muitos anos de vida. Não por acaso me trouxeram a este cruzeiro para atravessar, uma vez mais, o Portal Dourado. Agradeço-lhe por me fazer consentir os instantes fugidios nos quais a vida mostra, intensa, a surpresa que ela contém. Afinal, a ativista sempre foi uma passageira clandestina das minhas vagas. Quantas vezes passei a ela a direção... e quando pensei tê-la sossegado, aquela mulher de chapéu a desperta, outra vez. Ela não percebe, mas ativou em mim uma saudade.

Ontem, no jantar, minha neta anunciou que uma criança está para chegar. Festejamos a vida que segue. Mas o que será o amanhã? Tenho notícias que a intolerância voltou a ter voz no palanque do poder público e que algumas formas de amar estão em risco, outra vez. Resistir é preciso. Escrevo!

O Cruzeiro acaba de entrar na baía: Yerba Buena à vista!

Se nunca é tarde para a missiva chegar ao seu endereço, deixo-a enfim partir, infiltrada nos guardados de uma mulher... seguindo a canção.

É seu destino!

P.S.: Quando encontrei o doutor Alfred Kinsey, nos anos 1950, através do Instituto de Pesquisa do Sexo na Universidade de Indiana, anonimamente passei a carta que o senhor me escreveu para ele a guardar, a considerar. Queria provocar nele, infiltrar ali, a mesma sorte de esclarecimento que sua carta teve em mim. Sem sucesso! Contudo, fiquei feliz em saber que ele a entregou ao seu filho. Só vi hoje que ali assinei como "uma mãe agradecida"... ainda cobria de veludo o incontornável ativado.

Sobre a rasura na carta, ainda um esclarecimento: quando escrevi ao senhor, em1935, o nome na assinatura não era o meu. Portanto, a razão pela qual rasurei o "meu" nome naquela carta, como comentam os editores de sua obra, foi por entender que ela poderia se dirigir a qualquer um portador do germe ativador do gozo de viver.

Foi o meu modo de resguardar o infinito!

Beatriz Santos

UMA CARTA PARA UMA MÃE HOMOSSEXUAL

Paris, 30 de junho de 2018

Pois é, querida. Então ontem foi a parada do orgulho LGBT em Paris e o tema foi a reprodução assistida para todas e todos. "PMA, l'égalité n'attend pas". Queremos a procriação medicamente assistida, PMA, para já. A igualdade não espera, não pode esperar. Foi emocionante ver tanta gente na rua falando de parentalidades no plural e exigindo do governo que garanta um acesso universal às tecnologias de reprodução. Uma colega reconhecia um ar de maio de 68 no protesto: via no grupo de manifestantes não apenas um desejo de criar algo novo, mas fundamentalmente a vontade de garantir que aquilo que já existe pra uns, pra umas, esteja também disponível pra todo mundo que quiser ou precisar.

Concordei com ela. É verdade que aqui na França nenhum casal de lésbicas ricas passa aperto na hora de fazer uma inseminação artificial. Basta poder pagar as viagens, as hospedagens e o tratamento na Bélgica, na Holanda, no Reino Unido ou na Espanha. Mas ser mãe não deveria ser privilégio só de quem tem dinheiro ou é heterossexual, né? Pensei naquele nosso casal de amigos que não podia ter filhos e para quem o governo pagava até seis inseminações artificiais e quatro tentativas de fecundação in vitro. Se lembra da resposta dela quando eu disse, surpresa, que nem sabia que ela queria tanto assim ter filhos? "Nem eu, mas quando se descobriu que ele era infértil, a máquina médica começou a rodar tão rápido que eu nem tive tempo de pensar se era o que eu queria ou não". Para uma mulher de mais de 35 anos em um relacionamento heterossexual, a "máquina médica" não tem perguntas. Ela se dispõe imediatamente a acelerar o processo naturalizado que leva a mulher até a maternidade.

Para as outras mulheres, e especialmente para as excluídas do mercado das boas, como diz Virginie Despentes[14] (você já leu? é ótima!), para as lésbicas, as solteiras, as muito velhas ou jovens demais, a afirmação do desejo de ser mãe suscita questões e desconfiança. Numa reunião de trabalho outro dia falávamos de pacientes entre colegas e um psicanalista mencionava uma analisanda que queria ter filhos "apesar de estar numa relação homossexual". Preocupava-se com o fato de a jovem "fazer uso de técnicas novas" para "superar um primeiro obstáculo imposto pela realidade".

(Não tive coragem de dizer nada, mas não conseguia parar de pensar no fato de que tal emérito colega teve filhas depois dos sessenta anos com uma mulher bem mais jovem. Com ou sem ajuda de "técnicas novas" para superar obstáculos "naturais"?)

Te apresento o raciocínio: a analisanda quer ter um filho e para isso pede a ajuda de um amigo, já que não pode beneficiar da reprodução assistida por ser lésbica. O amigo em questão é homossexual, vive com um homem e não deseja criar o filho como seu. Para o analista, ela não se dá conta da "especularidade" da situação: "dois casais homossexuais, dois homens diante de duas mulheres partilhando um *mesmo* desejo de ter um filho". Me surpreendo de ainda encontrar por aqui esta ideia estranha de que um casal homossexual é um casal de mesmos, um conjunto que ignora a diferença. Parece que ainda estamos no fim dos anos 1990, quando os psicanalistas escreviam pro *Le Monde* para

[14] "Eu escrevo sendo feia, para as feias, as velhas, as caminhoneiras, as frígidas, as malcomidas, as incomíveis, as histéricas, as loucas, todas as excluídas do mercado das boas mulheres" Cf. DESPENTES, V. *King Kong Théorie*. Paris: Grasset, 2006, tradução nossa.

explicar que "o homossexual ama o outro enquanto igual a si mesmo" e que "(de)nega a diferença dos sexos" (lembra do Jean-Pierre Winter e o "Cuidado com as crianças simbolicamente alteradas?"[15] Que tempos...).

Eu pergunto então ao colega se sua paciente considera, ela, que está tendo um filho a quatro. Se é assim que ela fala do seu projeto de maternidade. Ele me conta que ela não fala muito do amigo que vai doar o esperma necessário. Aparentemente, tem passado muito tempo nas sessões falando de como a companheira se ressente quando ela briga com o cachorrinho que acabaram de adotar: "é como se ela visse o filhotinho como uma extensão dela, e achasse que minha falta de paciência com o cão significa que não tenho, nem terei, paciência com ela – mas eu adoro o cão!".

É claro que essa é só uma cena; que é possível que ele baseie sua hipótese de que o filho ou filha que vem aí seja "um objeto fálico tanto para as mulheres quanto para os homens, um objeto que será usado para as finalidades narcísicas dos quatro adultos!" em outros elementos da análise da moça. Mas não é estranho perceber como, espontaneamente, a fala da paciente não condiz com o esquema interpretativo que ele parece já ter construído? Para ela, a questão da parentalidade aparece na relação com a mulher, nas construções fantasmáticas que as duas compartilham, na disparidade entre os modos de disciplinar um ser (por enquanto, um cãozinho) que ela percebe. Para ele, a homossexualidade é o elemento central da vida afetiva dela, maior até do que as questões ligadas à sua relação com aquela mulher específica.

Penso naquela conversa que tivemos sobre o texto do Ken Corbett no qual ele descreve como os analistas têm dificuldade de se apoiar no que chama de *experiência do homossexual* para complexificar, desconstruir, bagunçar ou simplesmente expandir o que entendem das classificações de gênero.[16] Ficam tentando reduzir o

---

15 WINTER, J.-P. Gare aux enfants symboliquement modifiés. *Le Monde des débats*, mar. 2000.

16 CORBETT, K. O mistério da homossexualidade. *Jornal de Psicanálise*, v. 42, n. 76, p. 159-176, 2009.

que pacientes gays e lésbicas vivem a uma dualidade convencional heterossexual que define tudo (de modo limitante) em termos de um masculino ou um feminino já previamente determinado. Como se fosse a homossexualidade que abafasse a voz do analisando e dificultasse a atenção livremente flutuante do analista. Como se a moça lésbica, o senhor gay, a professora bi, o economista *queer*, x estudante fluidx, como se todas, todos, todxs, viessem para a análise por causa de suas identidades de gênero ou suas (des)orientações sexuais.

Fica impossível não se lembrar do Freud, quando ele responde para aquela mãe americana (em 1935!) que ninguém vem para a terapia por ser ou para deixar de ser homossexual: "o que a análise pode fazer pelo seu filho vai em outra direção. Se ele é infeliz, neurótico, perturbado por conflitos, inibido em sua vida social, a análise pode trazer harmonia, paz de espírito, maior eficiência, quer ele permaneça homossexual, ou seja, mudado [*gets changed*]".

O que a análise pode fazer segue outra direção. Ela permite que a gente avance por linhas diferentes das que pareciam orientar o caminho. Torna possível criar novos modos de fazer aquilo que se fazia antes. É por isso que é sempre curiosa essa dificuldade que têm certos analistas de reconhecer o ineditismo no que diz uma paciente sobre ser mãe pela primeira vez, por exemplo. Como se só houvesse *a* mãe, *a* maternidade universal, sem nenhuma variação idiossincrática construída pelo sujeito que vira mãe.

Fico sempre feliz de conversar contigo sobre tudo isso. De pensar junto o que quer dizer ser mulher, mãe, lésbica, heterossexual, psicanalista. Sigamos avançando. Ou, como dizia minha colega lá em maio de 68, "cours camarade, le vieux monde est derrière toi". Sigamos correndo, que ele não nos alcança.

Um grande beijo pra ti e pras crianças.

Bia

ENSAIOS

Richard Miskolci

Homossexualidade e honra familiar

A conhecida carta de Sigmund Freud à mãe de um homossexual até hoje suscita reflexões. Documento histórico singular, a missiva pode ser lida como trazendo até nós um registro de como se compreendia a homossexualidade há cerca de oitenta anos. Também pode ser encarada como mais do que documento ou registro: uma indagação ao nosso presente.

Aparentemente, a carta foi escrita pelo psicanalista vienense como resposta a uma mãe norte-americana preocupada com seu filho e que – em algum ponto da missiva perdida – mencionou temer que Freud não compreendesse sua caligrafia. Faz pensar o tom simpático do *Post Scriptum* de Freud mencionando que compreendeu sua letra e que esperava que sua caligrafia e seu inglês também fossem compreensíveis pela destinatária.

Historicamente, a caligrafia feminina foi associada ao capricho e à clareza enquanto à masculina se associou certo desleixo ou estilo que demandaria decifração. O caráter obscuro da caligrafia médica alcançou o anedótico. Assim, um médico estaria apto a reconhecer a letra de outro homem e, nesse detalhe final de sua resposta, encontra-se uma comunicação entre Freud e um possível remetente homem que enviara a missiva sob o nome de sua mãe.

A menção da remetente ao temor de que sua caligrafia demandaria decifração por parte do médico também parece uma forma indireta de o/a remetente explorar a receptividade de Freud a um desejo que a carta original manteve sem menção explícita. Ao que a resposta direta e livre de preconceitos do analista respondia racionalmente, enquanto no PS acenava com uma forma de empatia. Não apenas o psicanalista trazia à letra a homossexualidade do rapaz em foco quanto subentendia que esse desejo não lhe era estranho.

Essa linha de leitura da carta de Freud também se deve ao fato de que ela foi preservada por alguém que fez questão de – muitos anos depois – a repassar para Alfred Kinsey, outro especialista homem que saberia valorizá-la e tirar dela o melhor uso. O encaminhamento da missiva está datilografado suprimindo a caligrafia-pista de que o verdadeiro remetente fora o filho e não sua mãe. Ainda assim, o encaminhamento sugere que a resposta de Freud poderia ser guardada por Kinsey, de forma que o verbo *to retain* pode aludir ao guardar (como) um segredo.

De quem escreveu para Freud e como sua resposta foi encaminhada para Kinsey, reconhece-se o estabelecimento de mais do que o intercâmbio de correspondência, o de um segredo (com) partilhado. A pessoa/carta original, jamais recuperada, estabeleceu uma espécie de comunidade de conversação entre homens em que o desejo homossexual foi intercambiado. Desde Georg Simmel, conhecemos o caráter masculino que a sociedade atribuiu ao segredo estabelecendo-o como eixo relacional entre homens que prezam por manter uma economia da informação acessível apenas a iniciados.

O que não é mencionado na carta enviada a Freud, mas suficientemente descrito para que ele declare que o rapaz era homossexual, passou a Kinsey antes de nos alcançar. Caberia interrogar se – de alguma forma efetivamente "retido/*retained*" – na esfera dos leitores homens a quem isso não permanece indecifrável: não exatamente ou apenas pelo desejo (sexual) por outro homem, mas principalmente pela ameaça trazida por sua realização. Afinal, o que vincularia uma mãe – como mulher – ao segredo (masculino) de seu filho e tornaria sua missiva (real ou forjada) o veículo de comunicação com Freud e, posteriormente, Kinsey?

Naquela época, o caráter sagrado da honra familiar justificava que os homens regulassem o desejo e a sexualidade femininas. Mulheres de família eram castas e só podiam perder a virgindade, após o casamento, para o marido com o qual formariam uma nova família. Dessa forma, uma mãe de família conhecia intimamente a demanda social de manutenção da castidade em nome de um clã (masculino) ainda que efetivamente coubesse apenas a homens o papel de guardiões da honra familiar. A perda da virgindade fora das regras ou o adultério feminino tinha um paralelo não explicitado na homossexualidade masculina, todas ameaças de manchar a reputação da família trazendo a vergonha para pais e irmãos. É a ameaça da desgraça/desonra que uma mãe poderia partilhar com seu filho.

Uma eventual resposta à carta de Freud escrita (explicitamente) pelo filho tocaria no vínculo com a mãe por meio da interpretação de que um homem que desejasse sexualmente outro homem colocava-se na posição de uma mulher quiçá por se identificar com a mãe ao invés de fazê-lo com o pai. Daí a percepção de que a mãe compartilhava em silêncio seu temor, enquanto seu pai expressava a reprovação do que o afastaria de sua posição de herdeiro e guardião da honra familiar. Função que, por fim, o filho assume em detrimento de sua própria felicidade.

O psicanalista foca justamente no silêncio e na recusa em sequer mencionar a homossexualidade ao afirmar: “Estou mais impressionado pelo fato de que você mesma não menciona este termo [homossexual] em sua informação sobre ele. E acrescenta: “Posso questioná-la por que o evita?”, ao que segue avaliando que não há de que se envergonhar, já que a homossexualidade não é nenhuma doença, vício ou degradação. Assim, seu apoio não poderia ser no sentido de apagar a homossexualidade do rapaz, antes ajudá-lo a alcançar a paz de espírito que poderia melhorar sua autoaceitação e sua vida social.

A sombra de um desejo/segredo cuja revelação ameaçava romper os laços familiares mantinha o pacto de silêncio que nem mesmo a carta enviada ao psicanalista ousou suspender. O efeito que a resposta de Freud trouxe a quem a enviou parece ter sido positivo, já que ela foi repassada a Kinsey catorze anos depois. No mínimo, a missiva freudiana trouxe algum alento, e o interesse na opinião científica sobre a homossexualidade se manteve nessa pessoa, que, depois de ler *Sexual Behavior in the Human Male* (1948), sentiu-se grata a Kinsey ao ponto de decidir confiá-la ao seu autor.[1]

A indagação a que respondeu Freud estaria superada em nossos dias? As evidências sociais e históricas permitem reconhecer que não, por isso a atualidade da carta original que só podemos acessar indiretamente buscando meios de preencher a incompletude desse intercâmbio de missivas. Em anos de pesquisa com usuários paulistanos que usam plataformas on-line em busca de um parceiro do mesmo sexo, recolhi inúmeros relatos que revelam a tentativa deles de fazer uso de um meio tecnológico para resolver dilema similar ao do rapaz da carta de Freud: vivenciar seu desejo (homossexual) sem abalar ou perder sua inserção na família.

Desejos digitais: uma análise sociológica da busca por parceiros on-line (Autêntica, 2017) busca compreender como, nas duas últimas décadas, homens de classe média profissional entraram na Internet tentando alcançar o impossível: um parceiro do mesmo sexo que lhes permitisse manter intocados os laços familiares. Ao menos no segmento social estudado, mantém-se a compreensão de que a homossexualidade é uma espécie de segredo a ser gerenciado, o que se deve tanto ao fato de não possuírem condições emocionais para romper expectativas familiares assumindo um relacionamento com outro homem como ao fato de que – mesmo com as conquistas legais recentes das homossexualidades – as mudanças culturais tendem a ser mais lentas e o contexto familiar é um dos mais refratários à sua incorporação.

[1] Ao invés de retê-la, Kinsey tornou a carta pública no *The American Journal of Psychiatry* de abril de 1951, portanto divulgando-a em um periódico da área do conhecimento que manteria a homossexualidade classificada como uma forma de loucura até 1973.

Assim, entre meus interlocutores na pesquisa, o medo de ser classificado como homossexual se confundia com o de ser recusado pelos pais e expulso da família. Se não efetivamente, no nível imaginário, já que a luta contínua para não perder o afeto familiar/*status* heterossexual envolvia gradações que iam desde aqueles que mantinham uma companheira mulher para garantir o acolhimento dos pais enquanto tinham casos secretos com outros homens; outros que – mesmo sem companheira – pareciam manter uma heterossexualidade presumida em seu círculo de relações mais próximo ou casos em que a homossexualidade era conhecida, mas jamais mencionada na família devido a um pacto de silêncio similar ao indiretamente comunicado na missiva enviada ao Dr. Freud, em 1935.

Marcus André Vieira

Quereres[1]

I

CONSTA QUE FREUD ENCERRAVA o dia de trabalho no consultório, jantava com a família e invariavelmente sentava-se à sua escrivaninha para escrever. Essa dedicação apaixonada à escrita exercida ao longo de décadas produziu não apenas os textos de tirar o fôlego que conhecemos, mas também uma correspondência impressionante. Algumas cartas, sem resposta, talvez tenham apenas sido garrafas lançadas ao mar, como a que redigiu para a mãe que temia pelo futuro de seu filho homossexual, coração deste livro.

Imagino Freud, um dia, pena à mão em sua grande escrivaninha de jacarandá, respondendo a essa mãe do outro lado do oceano, tomada por angústias e preconceitos. Certamente não era jacarandá a madeira, mas sem ele minha cena fantasiada perderia toda a graça, afinal, como apreender de modo vivo o que quer que seja sem passar por nossas memórias e detalhes singulares?

[1] Redigido a partir do convite originalíssimo de Gilson Iannini, a quem devo este texto, a elaborar a resposta a uma carta de Freud, nunca recebida por ele (https://oglobo.globo.com/sociedade/carta-em-que-freud-trata-sobre-reversao-da-homossexualidade-compartilhada-nas-redes-sociais-21845301). Parte desse texto foi apresentada na abertura do XXI Encontro Brasileiro do Campo Freudiano (http://encontrobrasileiro2018.com.br).

O jacarandá em minha constelação subjetiva dá um ar austero à cena, sustentando a seriedade do momento. Em minha fantasia vislumbro ainda mau humor em seu olhar, pois a desconfiança de Freud com relação aos Estados Unidos era notória, chegando a chamá-los, certa vez, de terra de mercadores.

A carta, no entanto, desmente minha cena de alto a baixo, pois não poderia ser mais delicada e luminosa. Freud, com todo tato, responde ao que essa mãe nem tinha conseguido dizer explicitamente com relação à homossexualidade de seu filho, convidando-a a deixar de lado seus preconceitos para tomar o filho como tal, não apenas naquilo que ele seria projeção de seus próprios ideais normativos.

O problema de minha fantasia, interpreto-a então, é fundar-se na ideia de que um pai de família vitoriana como Freud deveria responder segundo os valores e ideias preconcebidas que conformam sua identidade social. Ora, não há nenhuma razão para que alguém tenha de ser austero como sua mesa ou responder sempre a partir de valores, digamos, heterosseveros.

Nada mais equivocado, especialmente no que diz respeito à psicanálise: exatamente um espaço onde o que conta não é a identidade oficial.

Nossos modos de ser e fazer são efeito do que nos marcou na vida desde os cuidados mais inaugurais, o colo, a mamada, as vozes, os cheiros. Essa verdadeira chuva de desejos que incide sobre nós vai nos definindo até que, em algum momento, não possamos ser outra coisa a não ser mais ou menos o que a vida nos fez ser. É o que alguns chamam alma, outros, subjetividade, outros, identidade, Freud, apenas *eu*. Uma análise contrapõe à regularidade e à unidade do eu a profusão de memórias daqueles momentos em que fomos tocados pela vida ou por alguém de forma marcante, mas inassimilável. O eu (ou *ego*, como ficou conhecido entre nós como resultado da tradução enviesada de J. Strachey) é o resultado de algumas dessas experiências e desejos que se organizaram como um modo único e orquestrado de ser; já o inconsciente é o resto da chuva de desejos que continua a cair à volta de seu guarda-chuva.

O essencial é notar o quanto essa multiplicidade libidinal inconsciente é sexual sem, no entanto, se confundir com a sexualidade, sempre referida a um eu que busca seu prazer. Pode ser que a sexualidade como um conjunto de práticas mais ou menos codificadas socialmente seja, de tudo o que fazemos no quotidiano, o campo em que o eu tem menos domínio, onde menos sabe o que é ou exatamente o que quer. O *sexual*, para Freud, porém, abrange para além dessa sexualidade, que se configura como identidade e orientação sexual, o inconsciente como lugar da inscrição de desejos múltiplos, polimorfos, variantes, estranhos ao eu e sem gênero definido.

Em tempos de fantasmagoria da cura gay, de gente que prefere acreditar em demônios e mamadeiras em forma de pênis que seriam distribuídas às crianças, extraio, assim, de minha experiência como analisando e de todo dia como analista, a certeza de que uma análise segue sendo um dos espaços em que os preconceitos necessários a qualquer identidade são postos em suspensão e revistos.

II

O múltiplo precisa, porém, dar lugar a alguma estabilidade. Não podemos ser metamorfoses ambulantes todo o tempo. Nesse sentido, a modéstia dessa carta é exemplar. Alguma coisa poderá mudar, mas o eu será apenas reconfigurado, jamais desmantelado. Assim entendo por que Freud afirma que o filho homossexual viverá com o que é e não com o que deveria ser.

Para mim, analista, o valor maior da carta é este, o modo como Freud define o que se pode esperar de uma análise em uma proposta a um só tempo ambiciosa e modesta.

Modesta, por não supor ou propor que possamos nos reinventar completamente. Ambiciosa, por mesmo assim falar em felicidade. Será a felicidade, porém, de uma satisfação paradoxal, não a da beatitude, do prazer eterno, no céu, nem a da coleção maior possível de momentos de prazer, como prega o hedonismo de hoje. Freud apenas propõe a essa mãe esperar da análise de seu filho que ele seja o mais conforme ao que é em seu alfabeto próprio do prazer.

Com *alfabeto* quero situar como entendo, a partir da leitura lacaniana de Freud, o que cada um leva consigo em termos de possibilidades de satisfação para distingui-lo da ideia de uma identidade ou orientação sexual estanque, tão presentes no debate da cultura sobre gênero. Se a constância dos desejos em que cada um se reconhece, em sua história de vida e seus valores identitários, puder ser considerada como um texto de base, o importante em uma análise é que possamos nos apropriar de seu alfabeto mais que de seu sentido último ou mais verdadeiro. É o que poderá deixar nosso texto final em aberto, a ser definido com relação a seus, digamos, leitores, nos encontros por vir.

Nossa programação genética, cultural, como queiram, define possíveis e impossíveis para o prazer, o que não significa, no entanto, que nela esteja, igualmente definida, uma identidade de gênero estanque. É esse exatamente o ponto em torno do qual gira o preconceito contra o falocentrismo freudiano feito de puro mal-entendido. Freud descreveu o modo como o sexual se organizava em sua época, destacando o falo como base da constituição das identidades padrão em sua cultura. Seu movimento era o de indicar exatamente como uma análise agia a partir do fracasso dessa identificação, virava-a do avesso. Entendeu-se o contrário, que ele visava à apologia e restauração da identidade fálica. Vale a pena tentar retomar.

O que é o *falo*? Para começar, uma imagem de potência. Toma-se uma parte do corpo que de vez em quando se enrijece e dá prazer e fixa-se esse órgão em sua ereção. O pênis, extraído da natureza do corpo, passa a ser colocado, dessa forma, em totens, vasos etc. Torna-se o falo. A vida que sacudia esse órgão ocasionalmente agora está eternizada e totalizada. É o falo do corpo dos deuses, eternamente ereto. Portanto, que fique claro: o falo não é o pênis, nunca foi, ele é apenas o pênis "bem na foto".

Freud destacou ainda que a ideia de um falo ereto em permanência tem efeito paradoxal sobre os que nele creem. Como os órgãos na realidade quotidiana nunca estão o tempo todo nesse estado, serão marcados por uma falta que Freud chamou castração e Lacan formalizou como uma lei geral de negatividade. A castração nada tem a ver com mutilação, mas com o fato de que nunca se é infalível como, por exemplo, nos filmes pornô.

A crença no falo distribui ainda essa negatividade de maneira binária. Uns acreditarão tê-lo no corpo, ao alcance da mão, serão os ditos masculinos. Não é tão bom quanto parece. Estes, mais que ninguém, sentirão que o deles não é isso tudo, que à diferença do falo imaginário dos deuses, o deles costuma estar flácido e apenas de vez em quando ereto e por isso serão para sempre assombrados com o medo do fracasso. Outros serão levados e crer que não o têm, que aquela coisinha que fazia sua felicidade masturbatória infantil era um engano, que precisariam, para gozar, passar por outro corpo. Esse outro modo de negativação fálica em seus corpos, mais explícito, levará, porém, a um gozo bem menos limitado quando encontrado. Sem medo de perder o que já não têm, esses seres serão mais intensamente "tudo ou nada". Serão ditas e feitas mulheres.

Nada na teoria freudiana exige que apenas os que tem pênis possam ser machos. Basta ter a certeza de que se tem o gozo ao alcance da mão, graças a um complexo jogo de identificações e interdições que Freud chamou de complexo (de castração e de Édipo) para sentir e agir seu corpo ao modo masculino. O mesmo vale para os seres que se identificarão como femininos, mesmo tendo pênis, pois a orientação sexual não se define com relação ao órgão, mas à premissa fálica.

Uma sociedade se estabiliza solidamente dessa forma fazendo do binarismo fálico, como diz Lacan, um modelo adaptativo para o desenvolvimento da espécie. É porque essa distribuição binária funciona como a piada da aeromoça que propõe jantar ao passageiro. Ele pergunta "Quais minhas opções?" e ela responde "Sim ou não". Parece pobre, e é, mas por isso mesmo estável.

O problema é tomar essas duas identidades de base como sendo naturais e universais, como se só pudesse haver outras possibilidades de satisfação fora do binarismo edípico a não ser em termos de patologia ou desvio. É esse o centro da *equação falocêntrica*, o da superposição pênis e falo em uma só e mesma entidade, garantida pela evocação de uma divina natureza, biologia ou bíblia. Seria da natureza do homem ter acesso direto ao poder e ao gozar, e, da mulher, um acesso indireto, e seria da natureza das coisas que só houvesse esses dois tipos de formas de vida sexuada: a masculina e a feminina.

III

Nos últimos tempos o falocentrismo foi seriamente abalado. A evidente ressurgência de discursos radicais visando a um poder fálico em todo mundo parece desmentir esse abalo. Ela não poderia atestar, como propõe o psicanalista E. Laurent, exatamente uma reação a ele? Nesse sentido, ela ratifica que houve abalo e justificaria amplamente o termo "reacionário", no caso do Brasil, como exigência embrutecida de restauração da ordem fálica, hoje no poder. Por que a ordem patriarcal foi tão abalada? Muitas e muitas causas poderiam ser evocadas, que tal essas duas? Por um lado, a reprodução assistida esvazia a necessidade da cultura de sacralizar a diferença macho e fêmea, o que leva a um abalo na função da família como sede da diferença binária entre sexos. Por outro, o Google, como paradigma de um novo modo de relação com o saber, infinitamente ali e infinitamente disponível, esvazia a necessidade da diferença de gerações para que o saber da experiência acumulado por uma geração possa ser transmitido à outra. Por essas razões ou por outras, o fato é que "pai e mãe" e "homem e mulher" deixam de ser vitais para a sobrevivência da espécie. Não foi culpa do PT.

Começam a explodir gêneros, composições novas. Em vez de "sim" ou "não", distribuindo a falta de dois modos complementares, surgem explorações, variações, combinações. Em lugar de um poder central excluindo os ininteligíveis para as margens e legislando sobre a vida, uma galáxia de particularidades de baixa coesão, instáveis, tensionadas, ganham cada vez mais expressão no tecido sexual e social. Essa descrição se transposta para um plano mais geral, talvez pudesse simplesmente ser chamada de *democracia radical*, como propuseram Laclau e Mouffe. Nesse caso, as identidades e suas novas composições precisarão contar com contratos e acordos para coexistirem e para definirem consensos ou hegemonias, pois fundam uniões mais instáveis que estáveis.

Uma análise que não tome a descrição freudiana da sexuação fálica como ideal floresce bem nesse meio, já que ela é uma espécie de laboratório de democracia no plano individual.[2] Tensões, conflitos, pactuações, não é o que ocorre entre as pulsões do inconsciente e o eu no âmbito do aparato psíquico? Nessa clínica sairão, do saco sem fundo do inconsciente, lembranças inesperadas, fragmentos de sensações e sentimentos que se compõem ao modo da bricolagem, ou na expressão de Lacan, de uma colagem surrealista forjando uma coesão artesanal em lugar do enlace "de fábrica" patriarcal.

Resta querer que nossos filhos possam andar na rua, que seus desejos possam se juntar com outros, que o desejo de Freud nos leve além da massa de paranoia para um tempo em que o ego aceite a contingência do desejo em vez de querer fixá-la. Precisamos contar com os *quereres* que cruzam a cidade. Eles seguem em desassossego, promovem ocupações, movimentos *slow*, saraus, intervenções, gozos *trans*, se encantam com os ininteligíveis, ignoram os *likes*, vibram com a comunidade da comunidade sem exército, dão artes de sobrevida a nossos jovens negros em tempos de genocídio. Por que não teria a psicanálise lugar nesses espaços?

Bibliografia

FREUD, S. [1924] A dissolução do complexo de édipo. In: FREUD, S. *Edição Standard Brasileira das Obras Psicológicas Completas de Sigmund Freud*. Rio de Janeiro: Imago, 1976. v. XIX, p. 222.

---

[2] Agradeço a Sidi Askofaré pela precisa formulação em discussão no XIII Simpósio de Psicanálise do Depto. de Psicanálise da UERJ : *A Psicanálise e os Paradoxos da Política da Diferença* (https://www.cepuerj.uerj.br/cursos2.php?tipo=eventos&curso=S04999&ano=2018).

FREUD, S. [1905] Três ensaios sobre a teoria da sexualidade. In: FREUD, S. *ESB*. Rio de Janeiro: Imago, 1976. v. VII, p. 146.

FREUD, S. [1925] O mal-estar na civilização. In: FREUD, S. *ESB*. Rio de Janeiro: Imago, 1976. v. XXI, p. 149.

FREUD, S. [1930] Algumas consequências psíquicas da distinção anatômica entre os sexos. In: FREUD, S. *ESB*. Rio de Janeiro: Imago, v. XIX, p. 320.

LACAN, J. *O Seminário. Livro 20, Mais ainda*. Rio de Janeiro: Zahar, 1985.

LACLAU, E.; MOUFFE, C. *Hegemonia e estratégia socialista: por uma política democrática radical*. São Paulo: Intermeios, 2015.

LAURENT, E. *Entrevista à Fernanda Otoni* (sobre o abalo do falocentrismo e a palavra das mulheres). Disponível em: <http://encontrobrasileiro2018.com.br/eric-laurent/>. Acesso em: 12 jul. 2019.

MILLER, J. A. *Una repartición sexual: El partenaire-síntoma*. Buenos Aires: Paidós, 2008, p. 303-310.

MOI, T. *What Is a Woman? And Other Essays*. Oxford: Oxford University Press, 1999. p. 375 *et passim*.

VIEIRA, M. A. A anatomia e seus destinos. *Aleph, Revista de psicanálise DG Paraná*, Curitiba, v. 5, p. 10-19, 2017. Disponível em: <http://encontrobrasileiro2018.com.br/a-anatomia-e-seus-destinos%C2%A8/>. Acesso em: 12 jul. 2019.

Gilson Iannini

Da bissexualidade à permutação

UM DOS PRINCIPAIS DOCUMENTOS teóricos da complexa concepção freudiana sobre as homossexualidades encontra-se em "Uma lembrança de infância de Leonardo da Vinci".[1] Freud subscreve "com prazer" as exigências dos homens homossexuais contra "as limitações legais de sua atividade sexual". Trata-se de uma menção clara ao reconhecimento político das identidades sexuais, em uma época em que os atos sexuais entre pessoas do mesmo sexo, mesmo com consentimento, eram considerados ilegais. Mas, ao mesmo tempo, trata com ceticismo a teoria científico-naturalista do "terceiro sexo". Eis o texto de Freud:

> Os homens homossexuais, que exercem em nossos dias uma enérgica ação contra as limitações legais de sua atividade sexual, gostam de se colocar, por meio de seus porta-vozes teóricos, desde o princípio, como um tipo especial de sexualidade, como uma sexualidade intermediária, como um "terceiro sexo". Eles seriam homens cuja condição orgânica, no seu cerne, necessitava da satisfação com homens, o que, com as mulheres, faltaria. Tanto subscrevemos

[1] Cf. FREUD, S. Uma lembrança de infância de Leonardo da Vinci. In: FREUD, S. *Arte, literatura e os artistas*. Belo Horizonte: Autêntica, 2015. (Col. Obras Incompletas de Sigmund Freud).

com prazer, por consideração humanitária, suas exigências quanto devemos permanecer reservados em relação às suas teorias, expostas sem considerar a gênese psíquica da homossexualidade.[2]

É bastante provável que Freud tivesse em mente concepções defendidas por nomes como Ulrichs ou Hirschfeld. Em outros textos, Freud menciona o "hermafroditismo psíquico", termo cunhado por Ulrichs. Para Freud, a ideia de uma "alma feminina habitando um corpo masculino" era claramente insuficiente e excessivamente naturalizante, o que não o impediu de subscrever suas demandas políticas, apesar das discordâncias epistêmicas. Para Freud, era indispensável fornecer uma hipótese acerca da "gênese psíquica da homossexualidade", ou, pelo menos, como admite, de um determinado "tipo" de homossexualidade, "dentre muitos".[3] Uma leitura atenta nos mostra, pois, um Freud sensível às demandas políticas de reconhecimentos das práticas sexuais, ou seja, à descriminalização das atividades sexuais homoeróticas, assim como à multiplicidade e plasticidade das orientações sexuais e formas de amor. É claro que, como investigador da subjetividade, ele procura desvendar os mecanismos psíquicos subjacentes às escolhas sexuais e posições de "gênero". A psicogênese da homossexualidade precisa ser explicada. Mas isso não implica que a escolha heterossexual seja natural: ao contrário, nada escapa ao interesse clínico e científico de Freud: a psicogênese da heterossexualidade também precisa ser explicada e esconde mistérios.

Outro importante estudo é o caso da jovem homossexual, publicado em 1920. Freud não considerava que a homossexualidade da jovem fosse uma doença que precisasse de uma cura, embora não descuidasse de submeter o caso a um exame cuidadoso acerca de sua psicogênese. O que leva a jovem ao tratamento é a demanda dos pais, após uma tentativa malograda de suicídio. Aliás, diga-se de passagem, para Freud, pelo menos desde os *Três ensaios sobre a teoria sexual*, tanto a heterossexualidade quanto a homossexualidade

---

[2] FREUD, 2015, p. 114-155.

[3] FREUD, 2015, p. 115, 117.

precisam ser explicadas do ponto de vista de sua psicogênese, já que a natureza é insuficiente para explicar a origem da atração sexual.[4]

O interesse da carta de 1935 a uma mãe americana é evidente, e sua atualidade, inconteste. Vale ressaltar como a *atitude prática* de Freud pode ser vista como ainda mais moderna e emancipatória do que aquela presumida a partir de uma leitura superficial de seus textos teóricos. Nem sempre, para dizer o mínimo, a literatura crítica foi generosa em sua leitura de Freud, muitas vezes tomando passagens polêmicas claramente dependentes de contextos históricos específicos ou observações que o próprio autor considerava inconclusivas, como se fossem teses doutrinárias ou proposições teóricas necessárias. No que se segue, pretendo apenas reler algumas passagens de Freud e recuperar algumas outras, que nem sempre tiveram o destaque que merecem.

Para entender a concepção freudiana acerca da homossexualidade, seria preciso reter pelo menos algumas ideias gerais sobre a constituição da sexualidade humana, que não cabe aqui resumir, apenas elencar: o papel da bissexualidade constitutiva do ser humano; o precoce e determinante caráter polimórfico do corpo pulsional; a clivagem entre posição anatômica e posição sexual; o fracasso relativo do recalcamento e consequente sobrevivência de vestígios e restos no inconsciente de moções recalcadas, a subdeterminação – ou o caráter incerto e convencional – das definições de masculino e feminino etc. Não seria possível reconstruir detalhadamente todo esse percurso, ademais muito conhecido, pelo menos pelos psicanalistas. Quero aqui apenas destacar algumas observações de Freud muitas vezes esquecidas em nossas leituras.

***

Na volumosa correspondência de Freud, a troca epistolar com Fließ ocupa um lugar de destaque, por seu papel seminal na invenção da psicanálise. A hipótese da bissexualidade percorre um caminho sinuoso ao longo da obra de Freud, com movimentos de fluxo e de

[4] Cf. FREUD, S. Sobre a psicogênese de um caso de homossexualidade feminina, In: *Neurose, psicose, perversão*. Belo Horizonte: Autêntica, 2016. (Col. Obras Incompletas de Sigmund Freud).

contrafluxo, cujos ecos se estendem pelo menos desde a primeira edição de *Os três ensaios sobre a teoria sexual*, publicado em 1905, até os textos sobre a feminilidade, da década de 1930. Com ela, a subjetivação do sexo torna-se um processo complexo e tortuoso, embaralhando vertiginosamente termos aparentemente estáveis e bem definidos como masculinidade, feminilidade, homossexualidade etc.

Foi no outono de 1887 que Freud e Fließ se conheceram. Estavam ambos na casa dos 30 anos de idade, sendo Fließ um pouco mais novo. Freud, recém-casado com Martha Bernays, iniciara sua prática clínica particular havia pouco tempo; Fließ era otorrinolaringologista em Berlim. A família de sua esposa, Ida Bondy, era próxima dos Breuer. A troca epistolar entre os dois homens durou mais de quinze anos. Nela, Freud não apenas desenha, sob a forma de rascunhos e manuscritos, algumas de suas principais ideias, que desembocarão mais tarde na construção da teoria psicanalítica, mas também relata sua vida privada, elabora interpretações de sonhos, experimenta uma espécie de amor transferencial. Uma das ideias que circulou entre os dois homens, que foi fundamental para a concepção freudiana da sexualidade humana desenvolvida nos anos seguintes, remonta à teoria da bissexualidade inerente a todo ser humano.

Na realidade, a ideia da bissexualidade não era criação nem de Fließ, nem de Freud. Ela já circulava, ainda que de maneira incipiente, na medicina romântica ou na sexologia do final do século XIX. Contudo, pelo menos desde que Charles Darwin publicou *A descendência do homem* (1871), teve início "a passagem do mito platônico da androginia para a nova definição da bissexualidade, segundo as perspectivas da ciência biológica".[5] Assim, a bissexualidade originária, especialmente a partir da embriologia, passava a ser um dado da natureza. Nesse sentido, a genealogia da vertente freudiana da bissexualidade é bastante complexa e não se limita, pelo menos não exclusivamente, a seu diálogo com Fließ, embora essa permaneça sendo certamente sua referência incontornável na

[5] ROUDINESCO, E; PLON, M. *Dicionário de psicanálise*. Rio de Janeiro: Zahar, 1998. p. 72.

matéria, tanto no que diz respeito às convergências quanto no que diz respeito às divergências, conforme atestam textos tardios.

Freud aborda o tema da bissexualidade em uma dezena de cartas a Fließ, trocadas entre o inverno de 1896 e o verão de 1904. A primeira ocorrência remete à célebre Carta 52 (112), de 6 de dezembro de 1896, em que Freud escreve:

> Para decidir entre perversão ou neurose, sirvo-me da bissexualidade de todos os seres humanos. Num ser puramente masculino haveria, também nas duas barreiras sexuais, um excesso de liberação masculina, portanto, produção de prazer e, em consequência, perversão; no puramente feminino, um excesso de substância desprazerosa nessas ocasiões. Nas primeiras fases, ambas as liberações seriam paralelas, isto é, produziriam um excesso normal de prazer.[6]

Como não dispomos, salvas algumas poucas exceções, das cartas escritas por Fließ, não é fácil reconstituir de maneira satisfatória o diálogo que os dois homens mantiveram sobre o tema. Quase tudo que conhecemos deriva dos comentários feitos por Freud e dos trabalhos publicados por Fließ, inclusive seu texto acerca do episódio envolvendo Otto Weininger e Hermann Swoboda (e menos diretamente o próprio Freud). De toda forma, a versão fliesseana da bissexualidade era articulada com uma teoria matemática acerca dos "períodos" (ou ciclos vitais, como se dizia na época) e também com uma hipótese acerca da "bilateralidade" (cada lado do corpo traduziria espacialmente a diferença entre os sexos). Vale ressaltar, contudo, que aquilo que Freud chamava de "bissexualidade" (*Bisexualität*), Fließ nomeava de "dupla sexualidade" (*Doppelgeschlechtigkeit*). Essa diferença de nomenclatura talvez já aponte para um aspecto maior da distância entre os dois autores, afinal Freud parece já intuir caráter conflituoso e desarmônico entre os componentes masculino e feminino da sexualidade.

---

[6] FREUD, S. Cartas e manuscritos dirigidos a Fließ. In: FREUD, S. *Neurose, psicose, perversão*. Belo Horizonte: Autêntica, 2016. p. 41. (Col. Obras Incompletas de Sigmund Freud).

Em sua obra publicada, Freud relata um importante episódio sobre esses eventos no capítulo VII de *Sobre a psicopatologia da vida cotidiana*:

> Certo dia, no verão de 1901, expliquei a um amigo, com quem na época eu mantinha um animado intercâmbio de ideias sobre questões científicas: esses problemas neuróticos só poderão ser resolvidos se tivermos inteira e completamente como base a suposição de uma bissexualidade originária no indivíduo. Recebi como resposta: "Isto foi o que eu te disse há dois anos e meio em Breslau, quando fizemos aquele passeio à tarde. Na ocasião, você não quis saber nada sobre isso". É doloroso quando se é convidado dessa maneira a abrir mão de sua originalidade. Eu não consegui me lembrar nem de uma conversa como essa, nem dessa revelação de meu amigo. Um de nós dois tinha que estar enganado; segundo o princípio da pergunta *cui prodest*? [quem se beneficia?], devia ser eu. No decorrer da semana seguinte, lembrei-me de fato de tudo, tal como o meu amigo quis evocar em mim; e até mesmo sei o que na ocasião dei como resposta: "Ainda não lidei com isso, não quero me meter nisso".[7]

É inegável que essa ideia deixou marcas profundas e duradouras na metapsicologia freudiana (que se estendem dos *Três ensaios* a *A análise finita e a infinita*, passando por *O Eu e o Isso*, entre outros), assim como delineou os contornos da relação transferencial e da posterior ruptura entre os dois homens. Basta lembrar que, alguns anos depois da ruptura com Fließ, esforçando-se por desinvestir o afeto dirigido ao seu antigo amigo, Freud escreve a Ferenczi: "Uma porção de investimento homossexual foi retraída e empregada no engrandecimento do próprio Eu. Foi-me possível ter êxito onde o paranoico fracassa" (6 de outubro de 1910).

Vale a pena retomar algumas afirmações de Freud sobre o tema extraídas das cartas a Fließ. Em 4 de janeiro de 1898, por exemplo, ele afirma: "Fiquei tocado pela ênfase na bissexualidade e considero

---

[7] FREUD, S. *Gesammelte Werke – Zur Psychopathologie des Alltagslebens*. Bd. IV. London: Imago; Frankfurt: S. Fisher, 1941. IV, 159-160 [Trad. Pedro Heliodoro Tavares, inédita].

esta sua ocorrência de pensamento a mais importante para os meus temas desde a 'defesa'". Já em 7 de agosto de 1901, escreve:

> E agora o principal! Tanto quanto posso perceber, meu próximo trabalho deverá chamar "A bissexualidade humana", que pegará o problema pela raiz e dirá a última palavra que me for possível. A última e a mais profunda. No momento, tenho para ele apenas uma coisa: o reconhecimento principal que há muito tempo se construiu sobre a ideia de que o recalcamento, meu problema central, só é possível através de reação entre duas correntes sexuais. Eu precisarei de cerca de meio ano para reunir o material e espero descobrir que o trabalho já esteja agora passível de execução. Mas então vou precisar ter uma conversa longa e séria com você. A ideia em si é sua. Você deve se lembrar de que lhe disse há anos que a solução estava na sexualidade, quando você ainda era rinologista e cirurgião, e anos depois você corrigiu: na bissexualidade, e vejo que você tem razão. Talvez eu precise tomar emprestado ainda mais de você, talvez meu sentimento de honestidade me obrigue a lhe pedir que assine o trabalho comigo, de modo que a escassa parte anátomo-biológica que me cabe ganharia por si uma ampliação. Eu teria como meta o aspecto psíquico da bissexualidade e a explicação da neurótica. Este é, portanto, o próximo futuro projeto que espero que volte a nos unir adequadamente também nas coisas científicas.

Sabemos que Freud nunca publicou esse livro, mas o material preparado a partir daquelas pesquisas deu origem a nada mais nada menos do que os *Três ensaios sobre a teoria sexual*, publicado em 1905. Não sabemos como Fließ respondeu a essa carta, mas o certo é que a réplica de Freud já mostra outra atitude, reverberando ruídos que não tarda seriam ensurdecedores. Em 19 de setembro de 1901, assevera: "Não entendi a sua resposta sobre o tema da bissexualidade. Evidentemente está muito difícil nos entendermos. Com certeza eu não queria outra coisa além de elaborar a minha complementação à teoria da bissexualidade, expor a tese de que o recalcamento e as neuroses têm a independência do inconsciente, portanto, a bissexualidade, como pressuposto". Daí em diante, a ruptura entre os dois homens era iminente.

A teoria sobre a bissexualidade psíquica inerente ao ser humano vai cedendo espaço à teoria da polimorfia perversa das pulsões, que de certa forma radicaliza e amplia os pressupostos da bissexualidade. Contudo, é possível perceber como essa concepção submerge e ressurge ao longo da obra de Freud, em movimentos às vezes desconcertantes. Ainda em 1908, no âmbito de sua investigação sobre a histeria, recorre à teoria, mas agora no campo da fantasia. Nas fantasias conscientes, continua, não raro alguém se masturba com imagens e sensações tanto masculinas quanto femininas, juntas e misturadas; do mesmo modo, ataques histéricos podem igualmente embaralhar ambos os papéis na fantasia sexual subjacente. Em um caso específico, a paciente pressionava o vestido contra o corpo com uma das mãos, "como uma mulher", ao mesmo tempo em que tentava arrancá-lo com a outra, "como um homem". O que interessa a Freud aqui é a "simultaneidade de atos contraditórios".

Uma década mais tarde, em "Bate-se numa criança" (1919), Freud resume a teoria flisseana da seguinte maneira: essa teoria

> [...] se apoia na constituição bissexual dos seres humanos e afirma que, em cada um deles, o motivo do recalcamento seria a luta entre os dois caracteres sexuais. O sexo dominante [das Geschlecht] na pessoa, aquele que foi mais fortemente desenvolvido, teria recalcado no inconsciente a representação psíquica do sexo subjugado. O núcleo do inconsciente – o recalcado – seria, portanto, em cada ser humano, aquele do sexo oposto nele presente. No entanto, isso só pode oferecer um sentido palpável se deixarmos que se determine o sexo de um ser humano pela forma dos seus genitais, do contrário não se saberia ao certo qual o sexo mais forte de um ser humano, e correríamos o risco de voltar a obter como resultado da investigação aquilo mesmo que deveria servir como ponto de apoio. Resumidamente: no homem o que há de recalcado inconsciente pode remontar a moções pulsionais femininas, ocorrendo o inverso na mulher.[8]

---

[8] FREUD, 2016, p. 149.

Um pouco mais tarde, em "A análise finita e a infinita" (1937), afirma: "[...] esse ponto de vista me foi apresentado por Wilhelm Fließ. Ele tendia a explicar a oposição dos gêneros como o verdadeiro estopim e o motivo primevo do recalque. Reitero apenas a minha contrariedade daquela época, quando me recusei a sexualizar o recalque dessa forma, ou seja, justificando-o biologicamente em vez de fazê-lo apenas psicologicamente".[9]

***

No caso que ficou conhecido como "a jovem homossexual" (1922), Freud não atende à demanda dos pais de reconduzir a filha deles à heterossexualidade "normal" e desconstrói a dicotomia pseudocientífica entre homossexualidade inata ou adquirida. Não cabe à psicanálise "esclarecer a natureza daquilo que, no sentido convencional ou biológico, se chama 'masculino' e 'feminino'; ela assume ambos os conceitos e faz deles a base de seu trabalho".[10] Como compreender essas afirmações? "Masculino" e "feminino", tanto no sentido das convenções sociais quanto no sentido biológico dos termos, são "conceitos", não designando nenhuma realidade exterior independente de sua própria descrição. É importante notar que nem as convenções sociais, nem a natureza são suficientes na determinação do valor semântico de masculino ou feminino, cujo caráter performativo e combinatório não tarda a aparecer.

Esse caso inaugura uma nova modalidade de escrita clínica. Com efeito, desde a reformulação da teoria das pulsões, Freud não publicou mais nenhum grande relato clínico, nenhuma história clínica. Não obstante, os artigos desse período são muitas vezes vertiginosos exercícios de escrita em que clínica e metapsicologia se entrecruzam. A narrativa exaustiva dá lugar a fragmentos e excertos com fins precisos. Os fatos relatados nesse caso remontam a 1917. A jovem em questão tinha 18 anos quando, depois de uma tentativa de

---

[9] FREUD, 2016, p. 359.

[10] FREUD, 2016, p. 189.

suicídio, seu pai obrigou-a a se tratar com Freud. Perto de completar 100 anos de idade, Margarethe Csonka, verdadeira identidade da paciente de Freud, declara que não passa um dia sem se lembrar da dama pela qual se apaixonara em sua juventude. Durante sua longa vida, fez diversos relatos e ofereceu diferentes versões dos episódios relatados por Freud, frequentemente em tom crítico. Sob o pseudônimo de Sidonie Csillag, revelou os principais dados que permitem contextualizar sua vida, sua paixão pela baronesa Leonie von Puttkamer e os detalhes relativos à sua malograda tentativa de suicídio, quando seu pai a surpreendera em um passeio entre o pavilhão de exposições da Secessão e a Kettenbrückengasse, momento em que ela se lança no cais do trem urbano. Mais tarde, casou-se por conveniência com o barão Eduard von Trautenegg, de quem adotou o sobrenome, mas nunca deixou de ter uma vida dupla. De origem judia, mesmo convertida ao catolicismo e depois ao protestantismo, não escapou de perder toda a sua fortuna depois da anexação da Áustria por Hitler. Durante seu curto tratamento, inventava sonhos e histórias infantis que imaginava satisfazer seu analista. Ao perceber a manobra, Freud interrompeu o tratamento, dando assim uma grande margem para que nos interroguemos se os sonhos e as histórias inventadas seriam um material menos valioso para a análise do que os sonhos de fato sonhados e as histórias consideradas verdadeiras.

Nesse caso, destaca-se a posição ética do analista diante da demanda dos pais, ao se furtar a realizar o desejo deles. Freud nunca considerou que a homossexualidade da jovem fosse uma doença que precisasse ser curada. Numa página tornada célebre, escreve: "A literatura sobre a homossexualidade não costuma distinguir com suficiente clareza as questões sobre a escolha de objeto, por um lado, e sobre o caráter sexual e posição sexual, por outro, como se a decisão sobre um desses pontos estivesse necessariamente ligada com a do outro".[11] Vale ressaltar, conforme informa Pedro Heliodoro Tavares em suas notas à tradução do texto, que "Charakter", em alemão,

---

[11] FREUD, 2016, p. 187.

pode significar "caráter, caractere, característica e, em determinados casos, personalidade", não implicando a rede semântica moral ou prescritiva do correspondente em português. Fiando-se em sua longa experiência clínica – a essa altura já se vão cerca de 25 anos de prática –, Freud observa:

> Entretanto, a experiência revela o contrário: um homem, com qualidades predominantemente masculinas, e que também exiba o tipo masculino de vida amorosa, pode ser invertido em relação ao objeto e amar apenas homens em vez de mulheres. Um homem, em cujo caráter predominam as qualidades femininas de maneira chamativa, e que se comporte no amor como uma mulher, deveria, em virtude dessa posição feminina, se endereçar ao homem como objeto de amor; mas, apesar disso, ele pode ser heterossexual e não mostrar em relação ao objeto uma inversão maior do que uma pessoa normal. O mesmo vale para as mulheres; nelas, caráter sexual psíquico e escolha de objeto também não coincidem em uma relação fixa. Portanto, o mistério da homossexualidade não é, de maneira alguma, tão simples quanto comumente é apresentado no uso popular: uma alma feminina, que por isto precisa amar o homem e por infelicidade está instalada em um corpo masculino, ou uma alma masculina, que é atraída irresistivelmente pela mulher e infelizmente está desterrada em um corpo feminino.[12]

E aqui chegamos ao cerne de sua concepção acerca da constituição da sexualidade. Para Freud, *três séries de caracteres* se conjugam, se misturam e se entrecruzam para compor a identidade sexual de um sujeito: "caracteres sexuais somáticos, o caráter sexual psíquico (posição masculina ou feminina) e o tipo de escolha de objeto".[13] Em suma, essas três séries podem combinar-se de maneiras as mais diversas, o que implica numa multiplicidade de formas de vida. Como não lembrar do trinômio, tão atual, entre corpo, gênero e orientação?

---

[12] FREUD, 2016, p. 187.

[13] FREUD, 2016, p. 187.

Cada sujeito se posiciona em algum ponto do espaço formado pelos três vértices deste triângulo. Freud afirma claramente que essas três séries "variam independentemente uma da outra e se apresentam, em cada indivíduo, em permutações múltiplas".[14] Além disso, acrescenta o caráter dinâmico de tudo isso, afirmando com todas as letras, que "a libido de todos nós oscila normalmente, ao longo da vida, entre o objeto masculino e o feminino".[15] Não poupa críticas ao senso comum e à literatura que o enverniza: "A literatura tendenciosa dificultou o entendimento dessas proporções quando, por motivos práticos, colocou em primeiro plano a única conduta chamativa para o leigo, a correspondente ao terceiro ponto, o da escolha de objeto e, além disso, exagerou na solidez da ligação entre este e o primeiro ponto".[16]

E conclui com duas ponderações: (1) "Não é papel da Psicanálise resolver o problema da homossexualidade. Ela precisa se contentar em revelar os mecanismos psíquicos que levaram à decisão sobre a escolha de objeto e em rastrear seus caminhos até às disposições pulsionais" e (2) "seria apressado ou exagero prejudicial abrigar desde já a esperança de uma 'terapia' da inversão que fosse de aplicação universal".[17]

***

"Pertence verdadeiramente ao seu tempo", escreve Agamben na esteira de Nietzsche, "aquele que não coincide perfeitamente com ele nem se adequa às suas exigências e é, por isso, nesse sentido, inatual; mas, precisamente por isso, exatamente através dessa separação e desse anacronismo, ele é capaz, mais do que outros, de perceber e de apreender o seu tempo".[18] Essa observação descreve perfeitamente o desafio de ler a relação de Freud com seu tempo e com suas heranças. Não

[14] FREUD, 2016, p. 188.

[15] FREUD, 2016, p. 171.

[16] FREUD, 2016, p. 188.

[17] FREUD, 2016, p. 189.

[18] AGAMBEN, G. *Nudez*. Belo Horizonte: Autêntica, 2014.

foi por acaso que as concepções de Freud sobre a sexualidade, desde pelo menos os *Três ensaios sobre a teoria sexual*, causaram escândalo, e nunca deixaram de fazê-lo. Por um lado, a moral sexual civilizada, o *establishment* científico e certos valores da família burguesa ficaram fortemente incomodados e até mesmo ofendidos pelas ideias psicanalíticas acerca da sexualidade infantil, da disposição bissexual inerente ao ser humano e pela clivagem entre posição anatômica e posição sexual; por outro lado, certas vertentes de movimentos políticos, principalmente algumas vagas do movimento feminista, viram justamente o contrário: a continuação de uma lógica binária da sexualidade, o prolongamento do patriarcado ou a hipóstase do falo-logocentrismo. Essa polarização da *recepção* mostra, por si só, a complexidade das posições freudianas, que exige uma leitura cuidadosa e sutil, justamente porque não se deixa apreender em lugares predeterminados por discursos e saberes prévios.

Um claro exemplo de dificuldades desse tipo remonta ao célebre debate acerca da sexualidade feminina da década de 1920. Enquanto a escola inglesa, com destaque para Karen Horney, Melanie Klein e Ernest Jones criticava o "falocentrismo" de Freud, paradoxalmente estava disposta a admitir uma espécie de harmonia natural entre os sexos, ao passo que o "patriarcal" Freud representava o interesse mútuo entre homens e mulheres como o resultado complexo de acontecimentos contingentes, de arranjos precários e de transições difíceis.[19] Aliás, bastante recentemente, Alenka Zupančič sintetizou o que há de perturbador na noção freudiana de sexualidade, mesmo aos olhos de uma sociedade "permissiva" e "tolerante" como a nossa: "aos vitorianos que gritavam 'sexo é sujo', Freud não respondia dizendo algo como 'Não, sexo não é sujo, é apenas natural', mas muito mais algo como: 'o que é esse 'sexo' do qual vocês estão falando'?".[20] O que continua sendo inquietante – e que tem implicações clínicas e ontológicas maiores – é a noção de que o sexo é algo intrinsecamente errático e opaco, algo

[19] APPIGNANESI, L.; FORRESTER, J. *As mulheres de Freud*. Rio de Janeiro: Record, 2011.

[20] ZUPANČIČ, A. *What Is Sex?* Cambridge: Massachusetts Institute of Technology, 2017.

"problemático e disruptivo"[21] para nossas identidades, mais do que uma matéria lisa e macia, pronta para ser modelada ou esculpida, sem resistência, conforme nossa imaginação e arbítrio.

Seja sob a forma de tratados médicos dirigidos a especialistas, seja sob a forma de textos didáticos dirigidos aos pais e aos jovens, a "literatura de esclarecimento sexual floresceu em fins do século XIX como jamais havia acontecido antes".[22] Pedagogos, clérigos, médicos e reformadores sociais se digladiavam em torno do tema, disputando o terreno do disciplinamento dos corpos e da validação de práticas sociais e subjetivas. Temas como a educação sexual de crianças, a homossexualidade, a masturbação, a impotência, a frigidez, as perversões, a contracepção, o controle da natalidade, o prazer sexual ou a sexualidade feminina, entre outros, passaram à ordem do dia e ao regime do saber, principalmente na segunda metade do século. E não por acaso. O século XIX foi o século em que a sexualidade se transformou em objeto de discurso, o século em que a obrigação de falar sobre o sexo se impôs. Mas o resultado seria frustrante: o que a galopante cultura capitalista produziu de saber sobre o sexo não passaria, no melhor dos casos, daquilo que Peter Gay chamou de "ignorância erudita" ou ainda de "fuga para o conhecimento",[23] ou ainda, nos termos de Foucault, em "tecnologia de poder" sobre corpos dóceis. Apesar de repudiar as evasivas e o falso pudor, apesar de condenar a política do silêncio e da ignorância, o século XIX não soube disfarçar o constrangimento, nem dispensar o eufemismo: ele "fala prolixamente de seu próprio silêncio, obstina-se em detalhar o que não diz".[24] O sexo era objeto de discurso, mas apenas para, da maneira mais tênue e insidiosa, dominá-lo e circunscrevê-lo, numa palavra, para disciplíná-lo. A *Psychopathia Sexualis*

---

[21] ZUPANČIČ, 2017, p. 7.

[22] GAY, P. *A experiência burguesa da rainha Vitória a Freud: a educação dos sentidos*. São Paulo: Companhia das Letras, 1989, p. 231.

[23] GAY, P. *A experiência burguesa da rainha Vitória a Freud: a paixão eterna*. São Paulo: Companhia das Letras, 1990, p. 226, 231.

[24] FOUCAULT, M. *História da sexualidade*. v. I: A vontade de saber. 13. ed. Rio de Janeiro: Graal, 1999, p. 14.

de Krafft-Ebing, publicada em 1866, foi reeditada diversas vezes, sem causar, exatamente, escândalo[25]: a categoria de *perversão* delimitava comportamentos "desviantes" e fenômenos "excepcionais", afastando-os da normalidade e nos mantendo a todos, inclusive nossas crianças, numa distância segura em relação à sexualidade. Toda a sexologia anterior a Freud repetia esse gesto. Não devemos nos espantar se os afetos que circulavam ao redor do discurso da sexologia e da pedagogia sexual não raro fossem a vergonha, o medo e o temor: da gravidez, da sífilis, do pecado, da degradação. Apenas enquanto a pureza moral ou a prevenção de enfermidades psíquicas e de doenças sociais pudessem ser preservadas, é que o discurso sobre o sexo podia se justificar e se disseminar. A *scientia sexualis* era servil à opinião e submissa à ordem.[26] O surgimento das "tecnologias médicas do sexo" seria a grande ruptura que inaugura o século XIX.[27] Nesse sentido, os ouvidos dos "defensores da sociedade" se voltavam, sobretudo, para a ciência médica, à qual cabia excluir o patológico e o anormal diante da almejada saúde sexual, e para os agentes da lei, que separavam o criminoso ou o moralmente inaceitável dos supostos normais. O que singulariza o fim do século XIX seria, sobretudo, a aliança até então inédita entre esses discursos. Em grande medida, conhecer e investigar a sexualidade estava a serviço do conhecimento e do controle de um potencial inimigo da vida civilizada. Tudo isso teria repercussões maiores para o conceito moderno de "identidade subjetiva",[28] nos mais diversos níveis.

---

[25] Cf. MAJOR R.; TALAGRAND, C. *Freud*. Porto Alegre: L&PM, 2017, p. 111.

[26] FOUCAULT, 1999, p. 54

[27] FOUCAULT, 1999, p. 113.

[28] A identidade subjetiva passa a ser cada vez mais distanciada do reconhecimento intersubjetivo e cada vez mais apoiada em aspectos biológicos da vida nua: na antropometria, na fotografia documental, nas impressões digitais e, mais recentemente, em sequenciamento do DNA e em biometria. Procedimentos inventados para identificar criminosos passaram a ser estendidos ao cidadão comum, processo que se difundiu exponencialmente desde o século XIX. Com o desenvolvimento de técnicas policiais de reconhecimento aliadas ao saber médico, "pela primeira vez na história da humanidade, a identidade não era mais função da 'persona' social e do seu reconhecimento, mas de dados biológicos que não podiam ter com ela nenhuma relação" (AGAMBEN, 2014, p. 82).

Em certo sentido, Freud herda os mapeamentos e as problemáticas do século XIX. Mas, ao mesmo tempo, provoca uma fissura nos saberes preexistentes e redesenha o mapa que havia herdado. O próprio Foucault reconhece a ruptura em jogo na posição singular da psicanálise em relação ao "sistema da degenerescência" e sua "oposição teórica e prática ao fascismo".[29] Nesse novo mapa, o falso pudor e o discurso moral cedem lugar a uma conversa franca e direta, no espaço de suspensão temporária de convenções e normas sociais em que consiste o dispositivo analítico, onde a única regra a ser seguida de forma estrita é a da associação livre; o elogio poético cede lugar a um raciocínio com pretensões científicas; a generalidade é substituída pela atenção ao detalhe ínfimo e ao indício; a forma passa a ser depreendida não por si mesma, mas por sua deformação, no melhor estilo do raciocínio clínico; a catalogação das orientações sexuais e de gênero é contraposta à singularidade do inevitável desencontro traumático com o sexual.

A psicanálise está, nesse sentido, enraizada na história. Não apenas como testemunha: também como agente transformador dessa mesma história. Mas o que isso quer dizer, senão que, assim como nossas retinas ativam certas células periféricas na ausência da luz, produzindo assim uma visão muito particular *na* e *da* escuridão, do mesmo modo, manter o olhar fixo em seu próprio tempo não serve principalmente para perceber aquilo que se mostra na claridade do dia, mas justamente aquilo que se esconde na escuridão, e que só é visível na penumbra.[30] Nesse sentido, Freud é perfeitamente contemporâneo, não apenas de seu próprio tempo, mas também do nosso. Afinal, "contemporâneo é, exatamente, aquele que sabe ver essa obscuridade, que é capaz de escrever mergulhando a pena nas trevas do presente".[31] Justamente porque neutraliza as luzes de seu próprio tempo, Freud está profundamente enraizado naquilo que em

---

[29] FOUCAULT, 1999, p. 112, 141.

[30] Jacques Lacan escreve: "quando invoco então as Luzes, é por demonstrar onde ela faz furo" (Cf. LACAN, J., *Outros escritos*. Rio de Janeiro: Zahar, 2003, p. 17.

[31] AGAMBEN, 2014, p. 25.

seu tempo histórico é, na verdade, inatual. Não foi a psicanálise que desativou o dispositivo médico que silenciava o sofrimento histérico, e, ao fazê-lo, lhe deu voz, uma voz que, justamente, denunciava o liame invisível entre um certo saber psicopatológico e a hipocrisia sexual? Não foi Freud quem retirou os sonhos e as fantasias sexuais infantis das brumas do absurdo e da inexistência, e lhes emprestou uma linguagem e uma forma? Não foi o divã – e a associação-livre – que liberou a palavra das regras tácitas da conversação ordinária e ofereceu a ela um espaço em que aquilo que não se pode dizer finalmente ganhava corpo e surpreendia inclusive aquele que fala?

Não por acaso, também, Freud é um autor no qual se cruzam conflitos e contradições. Não obstante o aparente conservadorismo da vida doméstica da Berggasse, "nas campanhas da época relativas a temas sexuais, tais como a reforma da lei do divórcio, a legalização da homossexualidade e do aborto, Freud era um liberal sem qualquer ambiguidade".[32] Freud, que em sua vida familiar não deixava de observar um certo "estilo vitoriano", ainda que indiretamente e quase sem querer, teria um papel inestimável na consolidação de algumas bandeiras das lutas das mulheres: "ciente de que sua doutrina, não obstante afastada das lutas feministas, participava amplamente da emancipação das mulheres, [Freud] via-se como um homem do passado, não tendo ele mesmo desfrutado da revolução sexual que impusera à sociedade ocidental. De certa forma, o século XX era mais freudiano do que Freud".[33] Ou, como sintetizam perfeitamente Lisa Appignanesi e John Forrester, "a dificuldade do caso é ainda maior: se os pontos de vista do homem Freud muitas vezes foram conservadores, a prática do psicanalista Freud com certeza foi revolucionária".[34] Mas mesmo dizer isso ainda é pouco. Se Freud é contemporâneo, isso não provém de seu arbítrio, mas de uma exigência subjetiva. Isso porque "o

[32] APPIGNANESI; FORRESTER, 2011, p. 603.

[33] ROUDINESCO, E. *Sigmund Freud na sua época e em nosso tempo.* Rio de Janeiro: Zahar, 2016, p. 347.

[34] APPIGNANESI; FORRESTER, 2011, p. 38.

contemporâneo é aquele que percebe a escuridão de seu tempo como algo que lhe diz respeito e não cessa de interpelá-lo, alguma coisa que, mais que qualquer luz, dirige-se direta e singularmente a ele".[35]

Mesmo assim, não podemos nos esquecer de que a comédia do falo é uma injunção relativamente tardia na sexuação dos corpos. Antes de se deparar com a norma fálica, em qualquer de suas versões, relativa a arranjos contingentes de cada sociedade (como a matriz heteronormativa de nossa sociedade ocidental moderna), temos a disposição bissexual dos corpos, marcados pela perversão polimorfa, que nos confronta a todos com o caráter *queer* da pulsão, como destacou Judith Butler.[36] Nesse sentido, para a psicanálise, no fundo de cada um de nós, todo mundo não seria meio trans? Antes que cada um possa dizer algo acerca de seu lugar nas coordenadas que dispomos, antes que possamos dizer "eu sou", todos experimentamos prazeres orais e anais estritamente *gender-free*, que marcam nossos corpos indelevelmente. Não é isso o que Freud quer dizer quando diz que o inconsciente é sexual? Não é isso que Freud nos ensina desde 1905, quando fala da fixação da libido nas fases de desenvolvimento da criança? É por esse conjunto de razões que não nos parece correto incutir a Freud um suposto compromisso com o falocentrismo. O gozo sexual não é concêntrico, o inconsciente descentra o sujeito, os objetos gravitam em órbitas elípticas ao desejo. Não seria talvez melhor falarmos em um falo-excentrismo freudiano? Afinal, "a maioria dos homens também está muito aquém do ideal masculino, e que todos os indivíduos humanos, em razão de sua constituição bissexual e da herança cruzada, reúnem em si características masculinas e femininas, de maneira que a pura masculinidade e a pura feminilidade são construções teóricas de conteúdo incerto".[37]

---

[35] AGAMBEN, 2014, p. 26.

[36] BUTLER, J. *Problemas de gênero: feminismo e subversão da identidade.* Rio de Janeiro: Civilização Brasileira, 2003.

[37] FREUD, S. Algumas consequências psíquicas das distinções anatômicas entre os sexos. In: FREUD, S. *Amor, sexualidade, feminilidade.* Belo Horizonte: Autêntica, 2018, p. 217.

Sobre o organizador

GILSON IANNINI Mineiro, sempre desconfiou da desconfiança mútua entre psicanálise e estudos de gênero, que muitas vezes lhe pareceu superfaturada. Numa de suas cenas favoritas do filme *A vida de Brian* (*Monty Python's Life of Brian*), dois grupos revolucionários que lutam contra o imperialismo romano se enfrentam até a morte, enquanto os romanos assistem atônitos à cena. Em outra sequência memorável, o ódio insuperável entre os partidos rivais "People's Front of Judea" e "Judean People's Front" ofusca a oposição aos romanos. Sempre que pode, narra essas duas cenas, como metáforas políticas, que se aplicam a partidos de esquerda, movimentos sociais, escolas de psicanálise, entre outros. Desde então, sua obsessão é tentar identificar quem são os romanos, o que nem sempre é fácil. Lecionou filosofia por quase duas décadas em Ouro Preto, antes de migrar para a psicanálise, na UFMG, o que não fez sem dificuldade. Nem sempre sabe distinguir uma da outra, tendo se acostumado a fronteiras tênues. É editor das coleções FILÔ e Obras incompletas de Sigmund Freud.

Sobre os autores

ACYR MAYA é psicanalista e professor universitário. Graduado em Psicologia, possui, doutorado em Teoria Psicanalítica pela Universidade Federal do Rio de Janeiro (UFRJ). Desde a faculdade, a transmissão da noção psicanalítica de homossexualidade lhe parecia confusa e, muitas vezes, preconceituosa. Depois, começou a pesquisar o assunto no mestrado, para saber como os psicanalistas pensavam a homossexualidade, a partir da sua formação. A pesquisa continuou no doutorado, em outro contexto – o da união civil entre pessoas do mesmo sexo. Interessa-se por teoria e clínica psicanalítica e sua interface com a cultura e os estudos de gênero. Para contato: acyrclmaya@gmail.com

ADILSON JOSÉ MOREIRA é professor universitário. Ele tem se dedicado ao estudo da formação discursiva de identidades raciais e sexuais a partir de análises interdisciplinares que englobam contribuições do Direito e da Psicologia. É especialista em Direito Antidiscriminatório, Hermenêutica Constitucional, Direito Constitucional Comparado, Psicologia Jurídica e Teoria Racial Crítica. Obteve título de bacharel nas duas áreas acima citadas pela Universidade Federal de Minas Gerais (UFMG) e também títulos de mestrado e doutorado pela Faculdade de Direito de Harvard. É autor de *Cidadania Sexual* (Arraes Editora, 2017) e *O que é discriminação?* (Casa do Direito, 2016).

ANTONIO QUINET é psicanalista, membro da Escola de Psicanálise dos Fóruns do Campo Lacaniano, psiquiatra com especializações no Rio e em Paris, doutor em Filosofia pela Universidade Paris VIII, professor de pós-graduação em Psicanálise, Saúde e Sociedade da Universidade Veiga de Almeida (UVA), dramaturgo e encenador, diretor da Cia. Inconsciente em Cena. Autor de vários livros e coletâneas de psicanálise publicados no Brasil, como o best-seller *As 4+1 condições de análise* (Zahar, 1991), além de *A descoberta do inconsciente: do desejo ao sintoma* (Zahar, 2000)e *Édipo ao pé da letra* (Zahar, 2015). Também publicou alguns livros em espanhol – *Las cuatro condiciones del analisis* (Zahar, 1991), *Psicosis y lazo social: esquizofrenia, paranoia* (Letra Viva, 2016) –, em francês – *Le plus de regard: destins de la pulsion scopique – étude psychanalytique* (Editions Du Champ Lacanien,

2003), *La cité et ses maîtres fous* (Stilus, 2017)– e em inglês – *Hilda and Freud: Collected Words* (Karnac Books, 2015), *Lacan's Clinical Technique: Lack(a)nian Analysis* (Karnac Books, 2017). Autor de oito peças de teatro, tendo dirigido e atuado em algumas delas com circulação em várias cidades do Brasil. *A lição de Charcot,* além de encenada no Rio, foi levada para Paris em 2015 para ser montada no Hospital La Salpêtriére, local onde Freud assistiu as próprias lições de Charcot. Sua última peça, *Hilda e Freud,* com estreia mundial em Londres no Freud Museum em 2013, foi encenada em várias cidades do Brasil e também em Nova York, Melbourne (Austrália), Buenos Aires e Medellín. Seu próximo livro, *O Inconsciente teatral,* com ensaios sobre psicanálise e teatro, está para sair em breve pela Atos e Divãs Edições.

BEATRIZ SANTOS nasceu em São Paulo, mas cresceu e conheceu a psicanálise em Brasília. Também em Brasília começou a ler as autoras feministas que a acompanham até hoje. Depois de muitos anos transitando entre instituições, disciplinas e línguas distintas, tornou-se professora no departamento de Estudos Psicanalíticos da Université Paris Diderot – Paris VII. Escreve sobre as relações entre os estudos de gênero e a psicanálise, sobre violências de gênero e sobre a tradução como questão clínica e epistemológica. Costuma se divertir assistindo filmes antigos com títulos melancólicos como os de Douglas Sirk, e nunca perde a oportunidade de afagar gatos encontrados pelo caminho.

BERENICE BENTO é doutora em Sociologia pela Universidade de Brasília (UnB)/Universidad de Barcelona e pós-doutora pela City College of New York (CUNY). Autora, entre outros livros, de *A (re)invenção do corpo: sexualidade e gênero na experiência transexual* (Devires, 2017), *Transviad@s: gênero, sexualidade e direitos humanos* (EDUFBA, 2017), *Estrangeira: crônicas de uma paraíba em Nova Iorque* (Annablume, 2016), *O que é transexualidade* (Brasiliense, 2012). Foi agraciada com o Prêmio Nacional de Direitos Humanos (2011). Pesquisadora do CNPq.

CARLA RODRIGUES é professora do Departamento de Filosofia da Universidade Federal do Rio de Janeiro (UFRJ), pesquisadora do Programa de Pós-Graduação em Filosofia do Instituto de Filosofia e Ciências Sociais da mesma instituição (IFCS/UFRJ), integrando a linha de pesquisa Gênero, raça e colonialidade, além de ser pesquisadora Jovem Cientista do Nosso Estado da Fundação de Amparo à Pesquisa do Rio de Janeiro (FAPERJ), onde desenvolve o projeto "Judith Butler: do gênero à crítica da violência de estado". Coordena, desde 2015, o laboratório Escritas – Filosofia, Gênero e Psicanálise (UFRJ/CNPq), criado para articular essas linhas teóricas a partir de uma perspectiva política.

CHRISTIAN INGO LENZ DUNKER é psicanalista, youtuber, desinfluencer e palmeirense praticante nas horas vagas, que diminuem a passos largos. Entre dois Jabutis e algumas dezenas de analisantes, busca inspiração para reuniões de departamento na Universidade de São Paulo (USP), onde é professor titular do Departamento de Psicologia Clínica. Realizou pós-doutorado na Manchester Metropolitan University. Principais publicações: *Reinvenção da intimidade: políticas do sofrimento cotidiano* (Ubu); *Estrutura e constituição da clínica psicanalítica: uma arqueologia das práticas de cura, psicoterapia e tratamento* (Annablume, 2011); *Mal-estar, sofrimento e sintoma* (Boitempo, 2015); *Por que Lacan?* (Zagodoni, 2016); *A psicose na criança* (Zagodoni, 2014).

ERNANI CHAVES sempre quis ser "anjo" e coroar Nossa Senhora na festa de maio, em Soure, no Pará, sua cidade natal. Com sua mãe, entretanto, aprendeu o prazer em dar aulas, e com seu pai, o prazer incessante das viagens. Por vias tortuosas, estudou Filosofia em Belém, São Paulo e Berlim. Hoje, é professor titular da Faculdade de Filosofia da Universidade Federal do Pará (UFPA). Estudou filósofos antissistemáticos e nem sempre muito aceitos pelo cânone. E, por gostar muito de brincar com línguas, se tornou tradutor do francês, do espanhol, do italiano, mas, principalmente, da língua de Nietzsche, Freud e Benjamin. Estes, juntamente com Foucault, o fazem pensar e, principalmente, viver.

FERNANDA OTONI BRISSET nasceu em uma cidade do interior de Minas. Ainda menina-moça, descobriu *As canções de Bilitis*, de Pierre Louÿs, e a loucura. Quando veio para Belo Horizonte, aos 17 anos, conheceu a psicanálise e nunca mais a largou. Mais tarde, além de sua prática analítica em consultório, foi trabalhar no Tribunal de Justiça de Minas Gerais (TJMG) em casos onde loucura e crime se encontram, e defendeu seu doutorado em Ciências Humanas (Sociologia e Política). Há alguns anos, é supervisora da rede municipal de saúde mental. É autora e organizadora de alguns livros e artigos com especial interesse na conversa entre a psicanálise e as questões de sociedade. A seu bel-prazer escreve contos, poemas e traduz cartas anônimas. Ainda não conhece San Francisco.

GUACIRA LOPES LOURO é estudiosa de gênero, sexualidade e teoria *queer*. Formada em História, logo se voltou para o campo da Educação. Em 1990, junto com um grupo de estudantes, criou o Grupo de Estudos de Educação e Relações de Gênero (GEERGE) na Universidade Federal do Rio Grande do Sul (UFRGS). Sempre foi professora. Atualmente fora das salas de aula, continua estudando e escrevendo. Seu último livro é *Flor de açafrão* (Autêntica, 2017).

LETÍCIA LANZ é escritora, pensadora e psicanalista. Foi registrada como Geraldo Eustáquio de Souza, e só conseguiu fazer sua transição de gênero depois dos 50 anos. É casada há 42 anos com Angela Dourado, com quem teve uma filha e dois filhos, que até agora lhes deram cinco netos. Escreveu o livro *O corpo da roupa: a pessoa transgênera entre a transgressão e a conformidade com as normas de gênero* (Transgente, 2015), já em sua 2ª edição, único manual de introdução aos Estudos Transgêneros escrito originalmente em língua portuguesa.

LUCAS CHARAFEDDINE BULAMAH é psicólogo, psicanalista e doutorando em Psicologia Clínica na Universidade de São Paulo (USP). Trabalha e reside em São Paulo. Escreveu o livro *História de uma regra não escrita: a proscrição da homossexualidade masculina no movimento psicanalítico* (Annablume, 2016).

MARCELO VERAS foi da cardiologia à psicanálise. Possui graduação em Medicina pela Universidade Federal da Bahia (1983), mestrado em Psicanálise pela Université de Paris VIII e doutorado em Psicologia pelo Instituto de Psicologia da Universidade Federal do Rio de Janeiro (UFRJ). Presidiu a Comissão Técnica de Reforma Psiquiátrica do estado da Bahia. Atualmente é diretor da Fundação de Apoio à Pesquisa e à Extensão, que ampara a Universidade Federal da Bahia (UFBA) e a Universidade Federal do Recôncavo da Bahia (UFRB). É professor do curso de Especialização em Teoria Psicanalítica da UFBA e da Especialização em Psicanálise de Orientação Lacaniana da Escola Bahiana de Medicina e Saúde Pública.

Foi diretor-geral da Escola Brasileira de Psicanálise no biênio 2013-2015. É autor do livro que deu origem ao filme de longa-metragem *A loucura entre nós* (2016).

MARCIA TIBURI estudou Artes e Filosofia e deu aulas em algumas universidades brasileiras. Atualmente se dedica à literatura. É autora de ensaios filosóficos, entre eles: *Filosofia em comum* (Record, 2008); *Filosofia prática* (Record, 2016); *Como conversar com um fascista* (Record, 2015); *Ridículo político: uma investigação sobre o risível a manipulação da imagem e o esteticamente correto* (Record, 2017); *Feminismo em comum: para todas, todes e todos* (Rosa dos Tempos, 2018); além dos romances *Magnólia* (Bertrand, 2005), *Era meu esse rosto* (Record, 2012), *Uma fuga perfeita é sem volta* (Record, 2016) e *Sob os pés, meu corpo inteiro* (Record, 2018).

MARCO ANTONIO COUTINHO JORGE é Professor Associado do Instituto de Psicologia da Universidade do Estado do Rio de Janeiro (UERJ) e procientista da mesma instituição. Médico psiquiatra, é doutor em Comunicação e Cultura. Psicanalista fundador e diretor do Corpo Freudiano da Escola de Psicanálise – Seção Rio de Janeiro. É membro da Associação de Psicanálise Insistance (Paris/Bruxelas), da Sociedade Internacional de História da Psiquiatria e da Psicanálise (Paris), da Associação Psiquiátrica do Estado do Rio de Janeiro e da Associação Brasileira de Psiquiatria. É autor de diversas obras e artigos publicados no Brasil e no exterior. Traduziu para o português as seguintes obras de Jacques Lacan: *Os complexos familiares* (Zahar, 2002) e *Da psicose paranoica em suas relações com a personalidade* (Forense Universitária, 1987). Diretor científico da coleção Transmissão da Psicanálise.

MARCO AURÉLIO MÁXIMO PRADO é doutor em Psicologia Social pela Pontifícia Universidade Católica de São Paulo (PUC-SP), com pós-doutorado pela University of Massachusetts/Amherst na Cátedra de Estudos Brasileiros da Fundação Fulbright. É Professor Associado IV da Universidade Federal de Minas Gerais (UFMG), onde é o coordenador do Núcleo de Direitos Humanos e Cidadania LGBT (NUH-UFMG). Tem publicado diversos artigos e livros sobre questões LGBT e questões políticas atuais, bem como desenvolvido atividades acadêmicas em diversas universidades no Brasil e no exterior. É bolsista CNPq.

MARCUS ANDRÉ VIEIRA possui graduação em Medicina pela Universidade Federal do Rio de Janeiro (1988), Diplôme D'Études Approfondies en Psychanalyse (1991) e doutorado em Psicanálise, ambos pela Université de Paris VIII (1996). Atualmente, é professor da Pontifícia Universidade Católica do Rio de Janeiro (PUC-Rio). Seu campo de atuação é a Psicanálise a partir da leitura lacaniana de Freud. Tem experiência na área de saúde mental. Hoje, seu tema de pesquisa é "A voz e os limites: aspectos de uma alteridade sem corpo na experiência analítica e na configuração subjetiva contemporânea". É ainda colunista do Blog da Subversos.

PEDRO AMBRA psicanalista, doutor pela Universidade de São Paulo e pela Université Paris Diderot, é autor de livros, capítulos e artigos sobre psicanálise, gênero e sexualidade. É pesquisador do Laboratório de Teoria Social, Filosofia e Psicanálise (Latesfip-USP) e professor do mestrado em Psicossomática da Universidade Ibirapuera (UNIB). Em sua tese, discutiu, a partir de questões de gênero e *queer,* os desdobramentos da proposta de Lacan, segundo a qual "o ser sexuado só se autoriza de si mesmo e de alguns outros". Acredita numa psicanálise inquieta, irreverente e libertária.

RICHARD MISKOLCI estuda as relações entre o desejo e a vida social. Iniciou sua carreira acadêmica pesquisando o artista na obra de Thomas Mann. Sempre em uma perspectiva *queer*, dedicou-se posteriormente à análise do papel do desejo na formação da República brasileira, investigação consolidada em *O desejo da nação: masculinidade e branquitude no Brasil de fins do XIX* (Annablume, 2012). Nos últimos anos, tem pesquisado o impacto das novas tecnologias nas relações sociais e, em especial, na vida de homens homossexuais. *Desejos digitais: uma análise sociológica da busca por parceiros on-line* (2017), publicado pela Autêntica, é um dos resultados investigativos nessa linha. Professor Associado de Sociologia da Universidade Federal de São Paulo (UNIFESP), Miskolci coordena, na mesma instituição, o Quereres – Núcleo de Pesquisa em Diferenças, Direitos Humanos e Saúde, além de ser pesquisador do CNPq.

SARUG DAGIR é psicanalista, mestre em Letras pelo Programa de Pós-Graduação em Estudos Literários (Pós-Lit/UFMG), doutoramento em fase final junto ao Programa de Pós-Graduação em Psicologia (PPG-PSI) da UFMG, com tese intitulada *A sexualidade feminina em Marie Bonaparte*. Foi premiada em 2010 com o Candango Especial do Júri e o Troféu Saruê pela participação como atriz no filme *O céu sobre os ombros* no 43° Festival de Brasília do Cinema Brasileiro. Homenageada em 2011 com Troféu pela Ordem dos Advogados do Brasil (OAB) – Seção de São Paulo. Colaboradora do Programa de Gênero e Diversidade (PROGED) da Universidade Federal de Ouro Preto (UFOP/UAB) entre os anos 2009 e 2015. Passatempo preferido: ler livros de helenistas e latinistas em edições antigas ou raras. Sua cor preferida é o verde. Admiradora da arte da lapidação de pedras preciosas.

SÔNIA MARIA PORTELA MÁXIMO é uma aposentada feliz, que participa de várias atividades em sociedade: cursa a faculdade da terceira idade, canta em um coral, faz muito exercício físico, anda de triciclo, estuda inglês e informática, depois de trabalhar a vida inteira em uma universidade. Mas o principal é o seguinte: curte sua família, que é uma coisa das mais importantes para ela.

TALES AB'SÁBER é psicanalista, ensaísta e professor universitário. Tem se dedicado a estudar as relações entre inconsciente e história e inconsciente e política, principalmente no relevante "caso Brasil". Por esse amor pela psicanálise e política, desenvolveu, em conjunto com colegas, a Clínica Aberta de Psicanálise, um *setting* público e um movimento coletivo de oferta psicanalítica universal, extramercado.

THAMY AYOUCH foi assignado como homem, prescrição com a qual se identifica, porém não de forma binária. Nasceu no Marrocos e tem morado como estrangeiro íntimo em vários países, como França, Inglaterra, Espanha, Brasil e Argentina. Obcecou-se em atravessar fronteiras linguísticas sem ser parado nas aduanas, e por cultivar várias cumplicidades afetivas e intelectuais. Tentou resolver a sua extimidade escrevendo artigos e livros supostamente muito sérios. É psicanalista (mas só do/as seus e suas analisantes) e desenvolve atualmente a sua pesquisa e ensino sobre epistemologia psicanalítica, estudos *queer* e estudos pós-coloniais na Universidade Paris Diderot. Também acha um tanto estranho e bastante bombástico falar de si mesmo na terceira pessoa.

Este livro foi composto com tipografia Adobe Garamond Pro e impresso
em papel Off-White 90 g/m² na gráfica Rede.